ICH

IST EIN

ANDERER

ICH

IST EIN

ANDERER

Kommentare und gedankliche Anregungen zum Thema Fremdheit

von Axel Burghausen

Inhalt

I

Immer schon fremd

Fremdheit ist eine Grunderfahrung des Menschen. Eigentlich ist uns zunächst alles fremd, vielleicht abgesehen von unserer Mutter, die wir bereits vor unserer Geburt spüren konnten. Die Aufgabe, uns für Fremdes zu öffnen und die Welt für uns zu erobern, beschäftigt uns ein Leben lang und prägt unsere Persönlichkeit. Die Entscheidung, Fremdes in unser Leben zu integrieren, aber uns auch von Fremdem zu distanzieren, treibt unsere Entwicklung an, hilft uns, unser Leben zu verstehen, birgt aber auch Gefahren in sich. Manches, was fremd ist, fasziniert und zieht uns an, anderes erzeugt Angst, Vorsicht, möglicherweise Aggression. Es gilt, diese Gefühle ernst zu nehmen, aber auch bereit zu sein, Fremdes in seiner Existenz zu akzeptieren, auch wenn man sich selber davon distanzieren möchte. Der Mensch als freies Lebewesen wird immer auch von außen beeinflusst, darf sich davon aber nicht ungeprüft bestimmen lassen. Je mehr er daher in der Lage ist, sein Leben selbstbestimmt zu gestalten, umso eher wird er bereit sein, dies auch anderen Menschen zuzuerkennen.

Da sich das innere Bild vom eigenen Leben mit jeder Erfahrung wandeln kann und Menschen immer auf dem Wege sind, wird auch die Erfahrung, sich selber fremd zu sein, möglich. Je vielfältiger sich die moderne Welt präsentiert, umso häufiger wird diese Fremdheit erfahren. Mir selber fremd zu sein, macht mich zum Fremden neben anderen Fremden, wie Julia Kristeva in Weiterzeichnung psychoanalytischer Theorien schreibt. Das Fremde in mir in andere Menschen zu projizieren, birgt zugleich die Gefahr, den „Fremden" als Feind zu sehen und mit Gewalt zu reagieren.

Gerade das Gefühl, in mir Fremdes vorzufinden und nicht zu wissen, wie ich damit umgehen soll, hat mich schon zu meiner Studentenzeit auf das Thema gestoßen. Es hat zugleich äußere Fremdheitserfahrungen beleuchtet: Ob ich bei mir trotz allen guten Willens Partikel rassistischer Einstellung feststelle, ob ich in der Begegnung mit Behinderten und Kranken innere Grenzen überwinden muss, ob ich in interkulturelle Fettnäpfchen trete und feststellen muss, dass meine Gewohnheiten und Empfindungen nicht überall verstanden werden, ich lerne, mich selber in Frage zu stellen und Grenzen zu verschieben.

Das Thema Fremdheit spielte immer wieder in meinem Unterricht auf der Gymnasialen Oberstufe (Deutsch, Geschichte, Religion) eine wichtige Rolle. Die dort verwendeten Texte und Bilder bilden den Grundbestand des vorliegenden Buches, werden aber noch weiter ergänzt, auch durch Aspekte weiterer Fächer.

Das vorliegende Buch folgt dabei keinem durchgehenden Faden, der in einer zusammenfassenden Aussage endet, sondern beleuchtet wie in einem Mosaik verschiedene Aspekte des Themas, referiert auch unterschiedliche Ansatzpunkte. Es möchte so zum Nachdenken über die Thematik bzw. zu ihrer Diskussion anregen. Dennoch wird sich am Ende ein Gesamtbild zusammenfügen lassen.

Wie in meinen Erläuterungen zum Religionsunterricht kommentiere ich jeweils einzelne Texte oder Bilder. Zwar versteht sich das Buch nicht als Textsammlung, doch werde ich – der Verständlichkeit halber – kürzere literarische Texte und besprochene Kunstwerke abdrucken. Ansonsten verweise ich auf meine Kommentierung, die den Inhalt von Texten zusammenfasst. Von mir beschriebene Karikaturen drucke ich nicht mit ab und verweise hier auf das Internet.

1 Den Fremden auf der Spur

1.1 Fremd nur in der Fremde

Grundlage: Karl Valentin: Die Fremden
        Pinchas Lapide: „Der Fremde in deinen Toren"
        Hans Magnus Enzensberger: Die große Wanderung
        Gabriel Laub: Fremde
        Elie Wiesel: Die Angst vor dem Fremden

Der Münchener Komiker Karl Valentin (1882-1948) ist berühmt für seine Sketche, in denen er durch Wortwitz im Blödsinn eine tiefere Ebene aufdeckt. So führt im Dialog „Die Fremden" (1940) ein Lehrer seinen Schüler von den Filzpantoffeln über das Hemd zum Reimwort „fremd". Dieses Wort wird gleichsam in einem kurz-schrittigen Unterrichtsgespräch durchgekaut. Valentins „Unsinn" vermittelt gleichwohl einige grundlegende Erkenntnisse:

•Es gibt keine Fremden von Natur aus. „Fremd" ist ein Beziehungsbegriff. Der Fremde wird immer im Hinblick auf einen anderen oder angesichts einer ungewohnten Umgebung als fremd empfunden. („Fremd ist der Fremde nur in der Fremde.") Zu ihm gehört also untrennbar das nicht Fremde, das er aber wiederum als fremd empfinden kann.

•Daher kann jeder zum Fremden werden, wenn er aus seiner gewohnten Umgebung heraustritt. Das könne durchaus, so betont Valentin, auch innerhalb der eigenen Heimatstadt geschehen.

•Aber auch in der „Fremde" ist die Fremdheit kein unveränderbares Schicksal. Wer sich seine neue Umgebung lange genug vertraut gemacht hat, fühlt sich irgendwann nicht mehr fremd bzw. wird auch nicht mehr so wahrgenommen. Das gilt auch für die Beziehung von Menschen: Der Fremde kann zum Bekannten und Vertrauten werden.

Hier setzt der jüdische Religionswissenschaftler Pinchas Lapide (1922-1997) an. Für ihn gibt es nur Menschen, „die sich noch nicht richtig begegnet sind". Jeder Fremde sei also ein potentieller Freund. Lapide verbindet diesen Gedanken mit dem moralischen Appell, sich dem Mitmenschen zu öffnen und ihm so seine Fremdheit zu nehmen. Man solle das gottgewollte Anderssein seiner Mitmenschen akzeptieren und als bereichernd erleben. Lapide sieht hier eine Verpflichtung gerade auch gegenüber Migranten.

Der Schriftsteller Hans Magnus Enzensberger (geb. 1929) vergleicht in seinem Buch „Die große Wanderung" aus dem Jahre 1992 die Situation von Einheimischen und Migranten mit den Passagieren eines Zugabteils. Diejenigen, die schon eine Weile unterwegs sind und sich im Abteil „breit" gemacht haben, solidarisieren sich emotional gegenüber den neu Zugestiegenen, den „Eindringlingen". Dass dies nicht zu aggressiven Hand-lungen führe, hänge mit den ungeschriebenen Verhaltensnormen der

Reisenden und den Regeln der Bahn zusammen. Sobald aber erneut Passagiere zustiegen, verwandelten sich die ursprünglich Fremden in „Einheimische", die sich jetzt wieder innerlich gegen die Neuen wehren. Sie verhalten sich jetzt so, wie man sich zuvor ihnen gegenüber verhalten hat. Das erinnert mich an die Kritik mancher türkischer Mitbürger an dem Verhalten rumänischer und bulgarischer Migranten.

Ein Extremfall der von Enzensberger dargestellten Situation stellt ein gefülltes Rettungsboot dar. Die Insassen fürchten sich, weitere Schiffbrüchige aufzunehmen, weil das Boot kentern könnte. Hier geht es um Leben und Tod. Diejenigen, die innen sind, verteidigen ihr Privileg gegenüber den Äußeren und geben sie dem Untergang preis. Die häufig leichtfertig gebrauchte Formel „Das Boot ist voll" verdeutlicht die instinktive Angst, selber abgehängt zu werden, wenn man sich als zu großzügig erwiesen hat.

Wer eine unbekannte Umgebung als Gast oder Tourist besucht, ist zwar fremd, wird von den Einheimischen aber keineswegs als Problem angesehen. „Die Fremden" sind diejenigen, die kommen und bleiben. Gerade die neu entstandene Nähe macht die Fremdheit deutlich und evtl. zum Problem.

Fremde

Fremde sind Leute,
die später gekommen sind als wir:
in unser Haus, in unseren Betrieb,
in unsere Straße, unser Land.

Die Fremden sind frech:
Die einen wollen so leben wie wir,
die anderen wollen nicht so leben wie wir.
Beides ist natürlich widerlich.

Alle erheben dabei Ansprüche
auf Arbeit,
auf Wohnungen und so weiter,
als wären sie normale Einheimische.

Manche wollen sogar unsere Töchter heiraten,
und manche wollen sie sogar
nicht heiraten,
was noch schlimmer ist.

Fremdsein ist ein Verbrechen,
das man nicht wieder gutmachen kann.

Gabriel Laub (1928-1998), mehrsprachig schreibender Schrift-steller mit polnisch-jüdischen Wurzeln, ist gerade für seine geistreich pointierten Aphorismen bekannt. Sein Gedicht „Fremde" zeigt ebenfalls diese Fähigkeit. Fremde seien – ähnlich wie in Enzensbergers Zug-Beispiel – Menschen, die später eingetroffen sind (V. 1f.). Ihr Anspruch, den Einheimischen nahe zu bleiben und so behandelt zu werden (Arbeit, Wohnung etc.) wie sie (V. 9-12), wird ihnen als „Verbrechen" (V. 17) bewertet. Egal, wie sie sich verhalten, werde es zu ihrem Schaden ausgelegt. Wenn sie sich anpassen wollen, sieht man dieses Verhalten als Anbiederung, vielleicht auch als bloße Maskierung. Wenn sie sich separieren und ihren eigenen Traditionen folgen, erkennt man erst recht ihren bösen Willen (so in V. 5-8 und 13-16). Die ersten vier Strophen des Gedichts mit ihren vier Versen kulminieren schließlich in der zweizeiligen fünften Strophe: „Fremd sein ist ein Verbrechen,/ das man nicht wieder gutmachen kann." (V. 17f.) Wer also später kommt als die Einheimischen, hat keine Chance und ist selber schuld daran. Er hätte ja wegbleiben können. Die ironische Aussagespitze des Gedichts entsteht dadurch, dass hier radikal die Sichtweise derjenigen eingenommen wird, die immer schon „im Zug" waren. Wer dazukommt, bleibt im Grunde draußen, sein Verhalten wird als „widerlich" (V. 8) angesehen, er passt nicht hinein.

Der ursprünglich rumänische, später US-amerikanische Schrift-steller und Universitätslehrer Elie Wiesel (1928-2016) überlebte als Jude Auschwitz und Buchenwald. Er setzte sich engagiert für Toleranz und Gerechtigkeit ein und erhielt 1986 den Friedensnobelpreis. In seinem gleichnamigen Zeitungsartikel aus dem Jahre 1991 analysiert er „Die Angst vor dem Fremden".

Der Fremde verkörpere das Unheimliche, Ausgegrenzte. Er sei sozusagen die Negation meiner eigenen Existenz, stelle mich und meine bisher selbstverständliche Rolle in der Gesellschaft in Frage. Zudem erwecke sein Verhalten Misstrauen. Man wisse schließlich nie, was er in Wahrheit bezwecke.

Vor allem mache mir der Fremde meine eigene Fremdheit bewusst. Jeder trage in sich Emotionen und Antriebe, die er selbst nicht enträtseln könne. Zudem könne jede soziale Position ins Wanken geraten. Jeder könnte entwurzelt werden, seine Heimat verlieren, wie Wiesel es ja selbst erlebt habe. In Wahrheit gleiche mir der Fremde, und diese Ähnlichkeit erschrecke mich. Im Fremden spiegele sich meine eigene Verwundbarkeit.

Fremd werde daher der, der als Fremder behandelt wird. Es seien immer Menschen, die einen anderen als nicht zugehörig ansehen und daher aus ihrer Gemeinschaft ausstoßen. Das bedeutet aber auf der anderen Seite, dass jeder „für das Fremdsein oder Nichtfremdsein des anderen" verantwortlich sei. Wer den „Fremden" seiner Rechte beraube, handele so gegen seine eigene Menschlichkeit. Kein Leben sei nämlich bedeutender als ein anderes.

Neben der Abwehr des Fremden steht auch seine Faszination. Das Unbekannte, Exotische wird häufig als unverfälscht und rein angesehen. Seine Anziehung dient der Kritik an der eigenen (verdorbenen oder überzüchteten) Zivilisation. Diese Bewertung des Fremden ist ebenso wie ihre negative Kehrseite eine Projektion des Eigenen. Im Grunde geht es immer um eine Auseinandersetzung mit einem selbst.

1.2 Fremde sind wir uns selbst

Grundlage: Julia Kristeva: Fremde sind wir uns selbst
Vanessa Schwarkow: „Ich"
Martin Korte: Das Fremde – Angst und Faszination
Wolfgang Müller-Funk: Theorien des Fremden

Die bulgarisch-französische Psychoanalytikerin und Philosophin Julia Kristeva (geb. 1941) stellt in ihrem Buch „Fremde sind wir uns selbst" (1988) die Problematik des Fremden zunächst in einen historischen Zusammenhang. Für den frühen Menschen sei das Fremde, Unbekannte immer zugleich eine Bedrohung gewesen. In der Fremde zu leben, bedeutete Elend. Die nahe Stehenden, also z.B. die eigene Sippe, galten als Freunde. Es war lebenswichtig, mit ihnen kooperieren zu können. Wer von außen kam, war zunächst der Feind. Sich von ihm abzugrenzen, ihn evtl. zu bekämpfen, konnte genauso lebenswichtig sein. Im Nationalismus lebt dieses Freund-Feind-Denken bis in die Gegenwart weiter.

Die europäische Aufklärung, die die Emanzipation des Individuums gefördert hat, habe die Gruppe der evtl. Feinde sogar noch vergrößert. Nun konnten auch Eltern oder Geschwister zu „Feinden" werden, wenn sie für die Selbstverwirklichung des Einzelnen als störend empfunden wurden. Was für Nahestehende gilt, gelte aber erst recht für Ausländer.

Die Psychoanalytikerin Kristeva verweist auf die seelischen Abgründe des einzelnen Menschen. Jeder habe sein „dunkles Kellergeschoss", das Persönlichkeitsanteile enthalte, die dem Menschen unerklärlich, ja unheimlich sind. Sich diese Anteile einzugestehen, nehmen viele als Bedrohung wahr. Deshalb übertragen sie sie auf andere Menschen, die Fremden. Dabei seien wir es selber, die uns fremd seien. Wenn der Fremde in mir sei, dann seien wir alle fremd. Weil aber alle fremd seien, seien wir darin alle gleich, also gebe es keine Fremdheit. Kristeva plädiert also dafür, die Distanz zu überwinden, die den Einzelnen den „Fremden" gegenüberstellt, und die Fähigkeit zu entwickeln, „sich als anderer zu sich selbst zu denken und zu verhalten".

„Ich"
Eigentlich bin ich zwei. Ich und Ich.
Existenz. Realität.
Eigentlich bin ich anders und doch genauso.
Ihr seht die eine und ich fühle die andere.
Ihr wisst, was ihr seht. Ich weiß alles.
Existenz. Realität.

Ein Äußeres und ein Inneres. Zwei Welten und doch eine. Leben und nicht leben.
Existenz. Realität.
Gefühle, Gedanken, Wünsche und Pläne – Seelenleben, Chaos, Krieg.
Existenz. Realität.
Mehr Schein als Sein. Maschine. Traumwelt. Welt.
Existenz. Realität.
Ich.

Die Schülerin Vanessa Schwarkow (geb. 1997) erkennt in ihrem Gedicht „Ich" aus dem Jahre 2014 zwei „Ichs", die sich in ihr gegenüberstehen, sich einerseits ergänzen, andererseits auch in Frage stellen. Das Ich, das sie selber wahrnimmt, entspricht nicht dem Bild, das sich andere von ihr machen. „Eigentlich bin ich anders und doch genauso." (V. 3) Das Gedicht ringt mit der Frage, ob die eigene Existenz eine einheitliche Realität darstellen kann. Es endet mit dem erwünschten Zielpunkt („Ich", V. 13), der aber eher als Lebensaufgabe offen bleibt.

Der Biologe Martin Korte (geb. 1964) betont in seinem Aufsatz aus dem Jahre 2001 die Bedeutung des Fremden für die Entwicklung des Menschen. Neues, Ungewohntes, mit dem wir konfrontiert werden, führe zu einer Veränderung, auch dann, wenn der Anlass eher von uns gefürchtet wird. Nur, indem wir auf Neues reagieren, entwickelten wir uns zu einem reifen Menschen. Dabei sei eine Balance zwischen Vertrautem und Neuem hilfreich.

Stolz, nicht im Sinne einer spontanen Freude über einen Erfolg, sondern im Sinne einer Phantasie, sich von anderen zu unterscheiden und über ihnen zu stehen, könne eine gesunde Entwicklung stören. Häufig beziehe sich dieser Stolz auf Merkmale, für die man gar nichts geleistet habe (z.B. Teil einer Nation zu sein). Um ihn aufrecht zu erhalten, müsse man Außenstehende abwerten und verfolge sie häufig mit seinem Hass. Je schlechter diese Anderen dastehen, umso höher sehe man seinen eigenen Wert.

Stolzbedingte Vorurteile setzen voraus, dass man den Anderen nicht kennt, sich auf ihn nicht einlässt. Ein persönlicher Kontakt würde dazu führen, seine Meinung zu differenzieren und Unterschiede anzuerkennen, statt sie zu verurteilen.

Vorurteile entstünden häufig auch aus Neid. Man spreche den Fremden Eigenschaften zu, die man selber gerne hätte, beispielsweise materiellen Erfolg oder Attraktivität.

Neue Erfahrungen, die Angst erzeugen, können aber auch einen Reiz ausüben. Das gilt für Mutproben ebenso wie für das Bereisen fremder Länder. Der eigene Handlungsspielraum und das Verständnis der Welt würden erweitert.

Dass es ohne die Auseinandersetzung mit Unvertrautem keine Erfahrung gibt, betont auch der Philosoph Bernhard Waldenfels (geb. 1934). Dabei rückt er das Gespräch in den Mittelpunkt.

Wenn zwei Menschen miteinander reden, ginge es erst in zweiter Linie um die Standpunkte der beiden Ichs. Vorrangig sei der Dialog selber, der „ein Zwischen" darstelle und so einen Eigenwert gewinne. Indem ich den anderen als Gesprächs-partner zulasse, bin ich bereit, mich selber in Relation zu ihm zu sehen, gebe also die Absolutheit meiner eigenen Person und meiner Meinung auf. Ich lasse zu, dass in mich etwas eindringt, was mich verändern könnte. Das heißt aber auch, dass das Ich nie fertig ist und auf die Mitarbeit des anderen angewiesen bleibt. „Das Ich findet nie ganz und gar seinen Ort und ist somit nie völlig es selbst, sondern immer auch ein anderes."

1.3 Eigen und fremd

Grundlage: August Nitschke: Das Fremde und das Eigene
Gabriele Herzog-Schröder: Ich und die Anderen

Der Historiker August Nitschke (1926-2019) beschäftigte sich mit Historischer Verhaltensforschung. Er referiert das Schicksal eines Neugeborenen, das todkrank und hoffnungslos auf die Welt kam. Durch die intensive Pflege einer Stationsschwester konnte das Kind dennoch geheilt werden und entwickelte sich zu einem frohen Säugling. Als es nach sieben Wochen seiner Mutter übergeben wurde, reagierte es innerlich verständnislos. Es weinte und zeigte Symptome seiner früheren Erkrankung. Es wurde immer teilnahmsloser. Wieder in die Klinik gebracht, sah es die Stationsschwester, lächelte, brauchte aber einige Zeit, bis es sich wieder von seiner Verwirrung und Ratlosigkeit erholte. Das Kind erkannte in der Stationsschwester den eigenen Bereich, die Mutter dagegen als Fremde. Was bisher selbstverständlich war, die immer gleichen Bewegungen und zärtlichen Haltungen, der immer gleiche Blick, das Vertraute, hatte sich in etwas unbegreiflich Fremdes verwandelt.

Der Textausschnitt des Historikers erwähnt leider nicht, wie das Problem gelöst wurde, sodass das Kind seine eigene Mutter akzeptieren konnte. Es verdeutlicht aber, wie sich nach der Geburt eine „primäre Vertrautheit", meistens zwischen Mutter und Kind, entwickelt, vermittelt durch Blick- und Körperkontakt, Wahrnehmung des Geruchs und Hören der Stimme, in der nicht nur die Mutter, sondern auch das Kind eine aktive Rolle spielt. Beide „arbeiten" in gleicher Weise an dieser engen Beziehung. Wie das Beispiel der Stationsschwester zeigt, kann aber auch der Vater oder eine andere Person diese Kontaktperson sein. Für die weitere Entwicklung ist es wichtig, dass das Kind zwischen dem Bereich des Eigenen und dem des Fremden zu unterscheiden lernt.

Die enge Bindung zur Mutter hilft dem Kind Selbstvertrauen zu entwickeln. Sie ist die Voraussetzung dafür, weitere soziale Kontakte aufzubauen. Die Übergangszeit, in der sich das

Bedürfnis nach Geborgenheit und die Neugier, die Welt für sich zu entdecken, die Waage halten, wird durch das „Fremdeln" geprägt, einer Verhaltensweise, in der das Kind sich immer wieder zur Mutter flüchtet, weil es dem Neuen, Fremden noch nicht völlig traut. Die innere Sicherheit vermittelt ihm schließlich die Fähigkeit, seinen sozialen Spielraum immer mehr zu erweitern. Spätere Beziehungen werden aber nie mehr die Nähe vermitteln, die die primäre Vertrautheit hatte. Ein Quäntchen Fremdheit wird immer bleiben.

So fühlt sich auch der Erwachsene zwischen seinem Sicherheitsbedürfnis und seiner Bereitschaft zur Offenheit hin und her gerissen, was ihm hilft, auf Gefahren angemessen zu reagieren. Die Angst vor dem Fremden und Unvertrauten behält eine wichtige Funktion, sollte aber durch die Fähigkeit, sich auf Neues – auch neue Gedanken und Einstellungen – einzulassen, ergänzt werden

2 Kulturpolitik und -enteignung

2.1 Der Blick nach außen

Grundlage: Frauke Gewecke: Wie die neue Welt in die alte kam
Peter Lautzas: Begegnung mit dem Fremden
August Nitschke: Das Fremde und das Eigene

„Ein Stereotyp ist … ein strukturiertes System von zugeschrie-
benen Merkmalen, das relativ wenige, eine bestimmte Gruppe
charakterisierende Merkmale enthält, auffällige, häufig sogar zu
Unrecht zugeschriebene Merkmale betont, zumeist mit negativer
oder positiver Bewertung belastet ist und sich schließlich
gegenüber differenzierender oder widersprechender Erfahrung
oder Information als äußerst änderungsresistent erweist." (Frauke
Gewecke) Stereotypen können relativ harmlos sein, wenn z.B.
Franzosen mit Baguette oder Italiener mit Pizza oder Spaghetti
(und umgekehrt Deutsche mit Kartoffeln) identifiziert werden. Sie
werden problematischer, wenn man Russen oder Polen unter-
stellt, auf Grund ihres Wodka-Verbrauchs zumindest in ihrer
Freizeit ständig angetrunken zu sein. Und sie werden gefährlich,
wenn man Araber für Terroristen hält oder glaubt, dass
Nordafrikaner grundsätzlich Frauen belästigen wollen. Immer
aber sind Stereotype Etiketten, die einer bestimmten Gruppe
aufgeklebt werden. Sie unterscheiden die Außen-stehenden von
der „In-Group", schaffen damit eine gewisse Ordnung und stärken
das Gefühl eigener Identifikation. Dennoch bleiben die Merkmale

weitgehend fiktiv, sie „erfinden" mein Bild vom Anderen. Im extremen Fall schlagen sie in Gewalt um.

Ein Reisender, der z.B. seinem Gastgeber in China ein Geschenk überreicht, wird sich darüber wundern, dass sein Präsent nicht geöffnet, sondern scheinbar achtlos beiseitegelegt wird. Der Gastgeber wird es erst später auspacken. Sofort nach dem Inhalt zu schauen, würde in China als eine Form des Misstrauens empfunden werden. Umso wichtiger ist es aller-dings, sein Geschenk wirklich ansehnlich zu verpacken.

Wer von einem Chinesen auf eine Frage hin nur eine ausweichende Antwort erhält, sollte nicht „nachbohren", denn das wird als unhöflich empfunden und würde das Bedürfnis nach Harmonie empfindlich stören.

Was uns an neuen Erfahrungen begegnet, messen wir immer zunächst an unseren Sitten und Normen. Was sich von ihnen sichtbar unterscheidet, wird als fremd wahrgenommen und führt zu Unverständnis und Irritation. Häufig wird die andere Kultur abgewertet, weil das Verhalten der Menschen nicht den eigenen Ansprüchen entspricht. Je fremder eine Kultur erlebt wird, umso notwendiger erscheinen Vergleichspunkte mit der eigenen, um überhaupt einen Verstehenshorizont zu gewinnen. Das Fremde aus sich heraus zu verstehen, würde bedeuten, sich ganz darauf einzulassen und sozusagen „die Schuhe" dieser Menschen zu tragen, mit ihren Augen zu sehen. Das wird in der Regel weder erwünscht noch möglich sein.

Die antiken Griechen haben Menschen, die kein oder nur sehr unvollkommen Griechisch sprachen, die also von Außerhalb kamen, als Barbaren bezeichnet. Sie seien eben nicht zu verstehen, sie sprächen – wie wir heute sagen würden – nur „Blabla". Möglicherweise imitierte der Begriff „Barbar" auch den Ruf eines Vogels. Das macht aber auch schon das Problem deutlich: Wer fremd und unverständlich spricht, der denkt auch nicht, wie es von kultivierten Menschen zu erwarten ist, der ist noch ein halbes Tier. Mit der bloßen Feststellung der Andersheit war also die Wertung verbunden, unter dem freien Griechen, dem Staatsbürger z.B. von Athen, zu stehen. Diese Bewertung wurde dann theoretisch untermauert. Das Ideal des griechischen Menschen war eine harmonisch ausgeglichene Persönlichkeit, die es z.B. verstand, durch ihren vernunftbegabten Willen extreme Triebe zu beherrschen. Die Barbaren seien dagegen dadurch charakterisiert, dass sie einseitig bestimmte Persönlichkeits-bereiche zu Ungunsten der anderen entwickelten. Sie seien dann z.B. nur zur Arbeit, aber nicht zur Reflexion geeignet, daher sei es auch gerechtfertigt, sie zu beherrschen. Die Unterschiede zwischen Griechen und Nichtgriechen wurden beispielsweise durch klimatische Bedingungen, die sich auf den Charakter ausprägen, oder durch die Herrschaftsform begründet.

Stereotype Be- bzw. Verurteilungen haben sich vor allem im Zeitalter der Nationalstaaten nach der Französischen Revolution entwickelt. So hätten die Deutschen beispielsweise ein tiefes Gemüt und den Hang zur Innerlichkeit sowie ein Gefühl für Ehre, Recht und Sitte, während die Franzosen oberflächlich und nur auf äußere Schönheit bedacht seien – sagten die Deutschen. Die Franzosen sahen die Deutschen dagegen als Vertreter von Disziplin und Herrschaft, als brutale Machtmenschen, während sie sich selbst als freiheitsliebende Individualisten beschrieben. Abgesehen davon, dass jede Nation eine charakterlich gemischte Bevölkerung besitzt, haben beide Völker sich natürlich bemüht, in ihrer Erziehung diejenigen Eigenschaften zu entwickeln, die ihrem Ideal entsprachen.

2.2 Im Neuen Altes suchen – Christoph Kolumbus

Grundlage: Kupferstich von Theodor de Bry
Christoph Kolumbus: Ausschnitte aus Bordtagebuch und
Brief
Stephen Greenblatt: Wunderbare Besitztümer
Urs Bitterli: Alte Welt – neue Welt
Tzvetan Todorov: Die Eroberung Amerikas

Der Holzschnitt des flämischen Künstlers und Verlegers Theodor de Bry (1528-1598) aus dem Jahre 1594 trägt den umständlichen Titel „Kolumbus wird, als er zum ersten Mal in Indien angekommen, von den Einwohnern mit großen Geschenken verehret und begabet aufgenommen". Er diente als Illustration eines Buches von Girolamo Benzoni (ursprünglich 1565), das de Bry herausgegeben hat. Trotz der lebendigen Darstellung des Stiches handelt es sich also nicht um ein „Foto", d.h. eine originale Dokumentation des welthistorischen Augenblicks, sondern um den Versuch, ein Jahrhundert danach die Phantasie der Leser anzuregen und damit den Umsatz zu steigern. Schon Benzonis Buch verbindet Informationen originaler Dokumente mit fiktiven Ausschmückungen. Trotz dieser nur vermittelten Quellenlage kann im Kupferstich, der verschiedene Ereignisse des Oktober und Dezember 1492 miteinander verknüpft, Grundsätzliches zur Begegnung der Kulturen erkannt werden.

Das Bild zeigt eine Abfolge dramatischer Ereignisse. Im Hintergrund sieht man die drei Schiffe, die Kolumbus befehligte, diagonal in eine Meeresbucht einlaufen. Das Land erscheint leicht hügelig, sodass wohl eher Haiti (Hispaniola) als die ursprünglich erreichte Insel Guanahari gemeint ist. Im Bildmittelgrund kommen die bewaffneten Spanier in ihren Rüstungen an Land (Mitte), während nackte Eingeborene panisch davonlaufen (rechts). Links ist zu erkennen, dass zwei Soldaten ein Kreuz errichten, zum Zeichen, dass sie dieses Land für die spanische Krone und die katholische Kirche in Besitz nehmen. Im Vordergrund nimmt der vornehm gekleidete Kolumbus mit Speer und Degen – und von zwei Bewaffneten begleitet – kostbare Goldgeschenke der Einwohner, die teils nackt, teils mit Lendenschurz bekleidet auftreten, entgegen.

Der Stich spiegelt die Überlegenheit der Europäer und ihr selbstbewusstes, herrisches Auftreten sowie ein ambivalentes Verhalten der Inselbewohner, die einerseits Furcht, andererseits bereitwillige Annäherung zeigen. Er vermittelt den Eindruck, dass sich die Menschen der neuen Herrschaft bereitwillig unterwerfen. Zudem scheint die Insel reichhaltige Goldvorkommen zu haben. Damit lässt das Bild auch schon erkennen, worum es den Spaniern in erster Linie geht, und deutet mindestens an, wie sie ihre Überlegenheit ausnutzen werden.

Die überlieferten Dokumente des „Entdeckers" Christoph Kolumbus (ca. 1451-1506) dienen in erster Linie dem Zweck, den spanischen Königen Ferdinand und Isabella und ihren Höflingen die gewonnenen Gebiete interessant zu machen und das Unternehmen damit zu rechtfertigen. Daher werden jeweils die Goldvorkommen besonders betont, obwohl Kolumbus zwar einige Schmuckstücke zu sehen bekam, Goldminen aber zunächst nicht finden konnte. Fasziniert war er aber von Anfang an von der üppigen tropischen Vegetation, die er mit seiner Vorstellung des biblischen Paradieses verknüpfte.

Die Einwohner der Inseln charakterisiert Kolumbus als feige und gastfreundlich, was auch schon im Bild zu sehen war, sich aber eigentlich widerspricht. Ihre Bereitschaft, kostbare Habseligkeiten gegen wertlosen Kram herzugeben, die angesichts unterschiedlicher Sprachen eine Bereitschaft zur freundlichen Kommunikation darstellte, zeigte für ihn ihre Dummheit, zeichnete sie aber auch als Naturwesen aus. Das auffälligste Merkmal dieser Menschen war daher auch ihre Nacktheit. Kolumbus sah in ihnen gleichsam leere Tafeln, die erst mit Zivilisation, Moral und Religion gefüllt werden müssten. Seine Erwartung war, dass sie leicht zum Christentum zu bekehren seien, da sie scheinbar keine eigene Religion hätten. Hier zeigt sich die Unfähigkeit des Entdeckers, Sitten und Riten, die ihm völlig neu und fremd waren, in sein bestehendes Weltbild zu integrieren. Ebenso wie für das Christentum seien die Einwohner auch für die Herrschaft der Spanier zu überzeugen. Obwohl zwischen beiden Seiten keine sprachliche Verständigung möglich war, wie Kolumbus mehrmals betont, interpretiert er das, was die Eingeborenen sagen, wiederholt als Bewunderung für die spanische Krone und als Unterwerfung unter ihre Herrschaft.

Kolumbus ließ, als er nach Spanien zurückkehrte, einen Stützpunkt mit Soldaten auf Haiti zurück. Als er nach einem knappen Jahr zurückkehrte, war der Stützpunkt zerstört, die Soldaten alle getötet. Es stellte sich heraus, dass die Spanier rücksichtslos mit der Bevölkerung umgegangen waren und sich genommen hatten, was sie wollten, vor allem die Frauen der Einheimischen. Die Nacktheit der Karibinnen hatten die Soldaten als freizügiges Angebot sexuellen Verkehrs verstanden. Die ängstlichen und „feigen" Einwohner hatten sich zusammengetan und zurückgeschlagen. Sehr schnell hatte sich gezeigt, dass die weißen Männer verletzlich und daher ganz sicher keine Götter waren. Man kann davon ausgehen, dass die meisten Männer, die Kolumbus auf seiner Fahrt begleitet hatten, in Spanien sozial Deklassierte gewesen sind, ungebildetes „Gesindel", dass diese „Wilden" die Demütigung erfahren ließen, die sie selbst im Mutterland erlebt hatten.

Nach diesen Ereignissen war es für Kolumbus nicht mehr möglich, dieselbe Gastfreundschaft wie am Anfang zu erwarten. Es setzten sich also in seiner Mannschaft diejenigen durch, die bereit waren, jede Gegenwehr mit Gewalt zu brechen, die Anführer der Eingeborenen mit List gefangen zu setzen und die Siedlungen zu brandschatzen. Da die Kariben nun in Goldminen schuften mussten und von ihren Frauen und Kindern getrennt waren, verelendete die Bevölkerung, starb an Krankheiten oder Unterernährung und hatte auch kaum Möglichkeiten, neuen Nachwuchs zu zeugen. In wenigen Jahren wurden die Menschen um 90 % dezimiert. Die „Befriedung" (pacificatión) der Insel war abgeschlossen. Die Jagd der Spanier nach kurz-fristigen

Reichtümern verhinderte eine nachhaltige Nutzung des tropischen Reichtums der Natur.

Das Verhalten der spanischen Eroberer musste den Eindruck erweckt haben, das Gold sei ihr Gott. Goldvorräte suchte auch Kolumbus, nicht nur um seine Fahrten am Hof zu legitimieren. Es ging ihm aber weniger um persönliche Bereicherung. In seinem Denken noch ganz mittelalterlich geprägt, war es sein Ziel, Reichtümer zu sammeln, um einen neuen Kreuzzug gegen die Muslime zu finanzieren. Der „Entdecker" hatte zwar Neues gefunden, konnte aber über das Vertraute hinaus nicht denken. Schon die Verwechslung der neuen Welt mit dem asiatischen Kontinent, d.h. der Karibik mit Japan, entspringt dieser geistigen Enge. Er hatte den Umfang der Erde auf der Grundlage eines arabischen Astronomen berechnet, dabei aber übersehen, dass arabische Meilen länger als italienische sind. Dass die Länge einer Meile auf Konvention beruht und daher verschieden sein kann, war für ihn ebenso wenig denkbar wie die Vorstellung, es könne neben den ihm bekannten europäischen Sprachen noch weitere Sprachen geben, die es lohnen würde zu lernen, um mit Fremden kommunizieren zu können. Kolumbus stieß genau zu dem Zeitpunkt auf Land (der Karibik), als er nach seinen Berechnungen den Osten des asiatischen Kontinents erreicht haben sollte.

Auch seine widersprüchliche Charakterisierung des Landes und der Menschen offenbart sein Bemühen, völlig Neues mit längst Bekanntem in Verbindung zu setzen. So werden die Inselbewohner als gastfreundlich und naiv, als dankbar gegenüber den kulturellen Segnungen der Europäer dargestellt, andererseits als wilde, grausame, unberechenbare Barbaren. Die Landschaft „erkennt" Kolumbus als das biblische Paradies, gibt aber gleichzeitig ihre Ressourcen der Gier seiner Leute preis.

2.3 Fortschritt gegen ewige Wiederkehr

Grundlage: Karikatur von Carsten Märtin
Tzvetan Todorov: Die Eroberung Amerikas
Miguel León Portilla: Rückkehr der Götter

In der Karikatur von Carsten Märtin aus dem Jahre 2013 landet ein Schiff mit bewaffneten Indianern an einer Küste, die als Europa gekennzeichnet ist. Zwei Bewohner schauen ihm entgeistert entgegen. Der Indianer-Häuptling, der am Bug die Ankunft beobachtet, sagt: „Hey! Das wird ein großartiger Ort sein, sobald wir diese Leute beseitigt, sie ihres Landes beraubt und ihre Kultur zerstört haben" Die Karikatur enthält die Legende: „1492: Die amerikanischen Ureinwohner entdecken die neue Welt..."

Der Reiz der Karikatur entsteht durch die Umkehr der Perspektiven. Wie hätte sich Europa gefühlt, wenn es so behandelt worden wäre, wie es selber die Amerikaner behandelt hat? Das verbrecherische Verhalten, sich das neue Gebiet, ohne Rücksicht auf die dort Wohnenden, nach eigenen Bedürfnissen umzumodeln, wird deutlich benannt. So reizvoll es aber ist, sich die Rollen umgekehrt vorzustellen, historisch denkbar wäre es nie gewesen. Das Geschehen konnte nur in dieser Richtung ablaufen.

Die Welt der Azteken, die ich hier als Beispiel nehme, war zyklisch geordnet. Das Leben des Einzelnen, der Familie oder des Staates vollzog sich in einer ewigen Wiederholung in kleineren oder größeren zeitlichen Kreisen. Alles war schon einmal dagewesen und würde in unwandelbarer und vorhersehbarer Weise wiederkommen. Wahrsager konnten das Schicksal eines Menschen schon bei seiner Geburt vorhersehen. Auch der Tagesablauf eines Azteken oder kultische Begehungen des Jahres wiederholten sich in genau vorgeschriebener Weise.

Ähnlich unflexibel war wohl die aztekische Sprache oder – genauer – ihre Bilderschrift. Sie eignete sich für pragmatische Texte wie Steuerlisten. Vor allem aber gab sie den alten Mythen und kultischen Texten ihre Form. Im Gegensatz zu den Buchstabenschriften der Europäer motivierte sie aber offensichtlich nicht dazu, Zeichen neu zusammenzusetzen, Neues zu denken, andere Wege einzuschlagen und auszuprobieren. Technische Innovationen spielten in der Praxis dieser

Stämme ebenfalls keine oder nur eine sehr geringe Rolle. Es ist kein Zufall, dass die Spanier über eine überlegene Waffentechnik verfügt haben.

Das Weltbild der Azteken ordnete die Umgebung, also z.B. benachbarte Stämme, die unterdrückt wurden, mit ein. Weiße, bärtige Gestalten, die auf „schwimmenden Bergen" über das Meer kamen, waren hingegen nicht vorgesehen. Sie versetzten ebenso in Angst wie Feuer regnende „Bälle" oder „Hirsche", auf deren Rücken die Soldaten saßen. Da etwas Neues nicht möglich war, musste man die Ankunft dieser Gestalten in alte Kategorien zwängen. Dafür bot sich der Mythos des Gottes Quetzalcoatl an. Dieser ursprünglich toltekische Gott spielte bei den Azteken nur eine untergeordnete Rolle, war aber bekannt. Der weiße, bärtige Gott solle vor langer Zeit (möglicherweise von den Menschen vertrieben) mit einem Schiff nach Osten über das Meer gefahren sein, habe aber seine Rückkehr zu einem bestimmten Zeitpunkt vorhergesagt. Als der spanische Eroberer Hernán Cortés (1485-1547) nach Tenochtitlán, der Hauptstadt des Aztekenreiches kam, war nach den damaligen Berechnungen genau dieser Zeitpunkt gekommen. Es gilt zu vermuten, dass Cortés, dem Dolmetscher und Berater aus den anderen Stämmen zur Verfügung standen, bewusst mit der Symbolik des Mythos manipuliert hat. Ebenso identifizierte er Kaiser Karl V., dessen Macht er propagierte, mit dem aztekischen Sonnen- und Kriegsgott Huitzilopochtli. Dass die europäischen Eindringlinge keine Götter seien, wurde den Azteken erst Schritt für Schritt bewusst. Ihre Gier nach Gold, die jede andere Handlung überstrahlte, hatte für die Menschen in Tenochtitlan eher animalische Züge: „Wie Affen griffen sie nach dem Gold und befingerten es… Sie wühlten wie hungrige Schweine nach Gold."

Jedes ungewohnte Ereignis, alles Fremde, wurde von den Azteken als schlechtes Vorzeichen angesehen und lähmte ihre Entscheidungen. Dass ihr König Moctezuma sich daher nicht zu einer verteidigenden Handlung entschließen konnte, begünstigte Cortés' Pläne. Als sich die Azteken nach dem Tode des Königs, unter Cuauhtemoc, zu wehren begannen, geriet der Spanier in ernste Schwierigkeiten und musste fliehen, konnte sich aber mit Hilfe seiner Bundesgenossen aus den benachbarten Stämmen schließlich durchsetzen. Sein Erfolg stand auf Messers Schneide, doch wäre er gescheitert, hätte ein anderer Spanier die Eroberung vollendet. Wesentlicher Vorteil der Spanier war es nämlich, flexibel und angemessen auf neue Situationen reagieren zu können. Die Azteken mit ihrem statischen Weltbild hatten dagegen nie eine Chance.

2.4 Menschen unterschiedlicher Würde?

Grundlage: Tzvetan Todorov: Die Eroberung Amerikas
Vusamazulu Credo Mutwa: Indaba
Arbeitsblatt: Imperialismus

Zur Einordnung des Fremden gehört auch dessen Bewertung. Aus der Sicht der europäischen Eroberer verband sich dabei wirtschaftliches Kalkül mit der Arroganz des Stärkeren, der sich von Gott erwählt fühlt. Vor Gott sind alle Menschen gleich, das wird auch der ungerechteste Feudalherr insgesamt befürchten. Aber sind „Indianer" Menschen? Eine übertrieben skandalisierende Aufzählung ihrer Lebensweise und der den Europäern ungewohnten Sitten soll verdeutlichen: Diese Wesen gehörten eher zum Vieh, ja, sie seien dümmer als Esel. Der Spanier Oviedo ging noch weiter. Er sah die Indianer auf der Ebene der Baumaterialien, nicht wert, mit Pferden oder Hunden verglichen zu werden. Dass man die Arbeitskraft dieser Objekte ungeschmälert verwenden könne, war dann keine Frage mehr. Doch auch Gelehrte, die so weit nicht gehen wollten, sahen eine Hierarchie menschlicher Würde und beriefen sich dabei auf den griechischen Philosophen Aristoteles. Es gebe Menschen, die zum Herrn, und andere, die zum Sklaven geboren seien. Diese untere Gruppe sei befähigt zu arbeiten, nicht aber zu denken. Die Hierarchie, so war der Spanier Sepúlveda überzeugt, sei der natürliche Zustand des Menschen. Und er sah in ihr zugleich eine moralische Rangfolge abgebildet: Das Hohe sei gut, das Niedere böse.

Der Theologe Bartolomé de Las Casas (ca. 1484-1566) hatte erlebt, wie die einheimischen Amerikaner behandelt und immer mehr dezimiert wurden, und war entsetzt darüber. Er setzte sich daher engagiert für ihre Rechte ein. Dass sich ihr Menschsein in keiner Weise von seinem unterschied, hatte er in seinen Begegnungen mit ihnen erlebt. Zwar seien sie in mancherlei Weise den Europäern unterlegen, sie seien aber jederzeit in der Lage, diesen Abstand aufzuholen. Vor allem seien sie befähigt und bereit, das Christentum anzunehmen. Ihre religiösen Praktiken interpretierte Las Casas als einen Versuch, dem einen Gott, den sie noch nicht kannten, nahe zu kommen, also als eine Form „wilden Christentums". Dass aber alle Völker zu Christus berufen seien, davon war er überzeugt.

Im Gegensatz zu seinen Gegnern verabsolutierte Las Casas nun die positiven Eigenschaften der Ureinwohner und war bereit, alles Kritisierbare zu übersehen. Dabei trieb ihn auch die Kritik an seiner eigenen spanischen bzw. europäischen Kultur, der er Gewalttätigkeit und Bereicherungsgier vorwarf. Dass den Menschen in Zentralamerika Reichtum gleichgültig sei, interpretierte er als unbewusstes Erfüllen christlicher Moralvorstellungen. Dieses positive Bild der amerikanischen Ureinwohner erweist sich ebenso als Vorurteil wie das negative. Las Casas identifizierte die Indianer mit seinen eigenen Idealvorstellungen. Diese Projektion war möglich, weil er sie nur sehr oberflächlich kennengelernt hatte. Wenn er (und in seinem Gefolge der französische Philosoph Michel de Montaigne, 1533-1592) argumentierte, es sei besser, einen toten Menschen zu verspeisen, als einen lebenden zu verbrennen, kann man ihm nur Recht geben. Einen Einblick in das tatsächliche Leben der Eingeborenen verrät diese Erkenntnis aber nicht. Stattdessen wird das Klischee des „edlen Wilden" als Kritik an europäischen Zivilisationssünden geschaffen.

Las Casas' Engagement trug wesentlich dazu bei, dass die spanische Krone Gesetze erließ, die die Rechte der indianischen Bevölkerung schützen sollten. Wenn auch Amerika weit war und diese Gesetze nicht immer umgesetzt wurden, trug der Theologe wesentlich dazu bei, dass ein Rest der ursprünglichen Bevölkerung am Leben bleiben konnte. Las Casas' Vorschlag, statt der schwächlichen amerikanischen Urbevölkerung die kräftigeren Schwarzafrikaner als Sklaven einzuführen, hatte nicht nur die pragmatische Intention, die Einkünfte des spanischen Königs zu sichern. Während Las Casas die Indianer, die er erlebt hatte, als gleichwertig mit den europäischen Christen ansah, beurteilte er die Schwarzafrikaner, die er nicht kannte, als durchaus minderwertig. Das mag daran liegen, dass Afrika schon lange die Sklaverei kannte, doch gab es in Europa seit langem die

Tradition, die schwarze Hautfarbe als Strafe für die Sünden der afrikanischen Vorfahren anzusehen. Was schwarz ist, muss vom Teufel stammen.

Der Heiler Vusamazulu Credo Mutwa (1921-2020) beklagt sich darüber, dass die Weißen die Afrikaner als eine Art „Affenmenschen" behandeln. Dass es schwarze Künstler oder Lehrer geben könne, sei für Europäer undenkbar. Vor allem hätten die Weißen nicht einmal versucht, Religion und Tradition der Bantu kennenzulernen und zu verstehen.

In der Bilderfolge „Die Entwicklungsleiter" wird oben der Kopf einer Apollo-Statue als idealisierte Verkörperung des europäischen Menschen dargestellt, unten ist ein Schimpanse abgebildet. Als „Zwischenstufe" sieht man einen „Neger" (in der Bezeich-nung), der im Gegensatz zum weißen Apoll hässlich gezeichnet ist. Der deutsche Philosoph Georg Wilhelm Friedrich Hegel (1770-1831) schrieb in seinen „Vorlesungen zur Philosophie der Geschichte", die Wertlosigkeit des Negers wurzele im Fehlen jeglicher sittlicher Empfindung.

Eine „harmlosere" Vorstellung brachte die häufig auch nackten Afrikaner mit den Kindern in Verbindung, die man erst erziehen müsse. Die Eltern müssten auch den Kindern ihren überlegenen Willen aufzwingen, um sie so in die richtige Richtung zu führen. Erst später würden die Kinder dann einsehen, dass das zu ihrem

Besten gewesen sei. Ähnlich sei es die Aufgabe der Europäer, den Negern (und allen „Wilden") Kultur, Zivilisation und Religion zu vermitteln, ihnen als „Lehrmeister" europäische Werte einzuprägen. So könnten die Afrikaner gleichsam noch zu gleichwertigen Menschen herangezogen werden. Ähnlich ist es an dem karibischen Eingeborenen „Freitag" in Daniel Defoes Roman „Robinson Crusoe" aus dem Jahre 1719 erkennbar. Er lernt vom englischen Schiffbrüchigen alle Werte seiner Zivilisation und entwickelt sich dadurch erst zum gleichwertigen Partner. Auch der Apachenhäuptling Winnetou bei Karl May (1842-1912) hatte einen deutschen Erzieher und später seinen deutschen Freund Old Shatterhand. Sein edles Verhalten zeigt sich gleichsam als deutsche Tugend.

2.5 Verlorenes Paradies – ein Exkurs

Grundlage; Paul Gauguin: Arearea

Polynesien, die Inseln im Pazifischen Ozean, wurde relativ spät von Europäern entdeckt und erschlossen und konnte daher seine traditionellen Sitten länger bewahren als andere Gegenden. Die Insel Tahiti ist mit einer üppig wuchernden, tropischen Natur ausgestattet. Als im 18. Jahrhundert die ersten europäischen Schiffe die Insel erreichten, wähnten die Seeleute, das Paradies zu sehen. Spärlich bekleidete Frauen ruderten zu den Schiffen und boten sich den Europäern an. Wenn man den Berichten glauben soll, handelte es sich weder um Prostitution noch um den Versuch, dauerhafte Ehemänner zu ergattern, sondern um die Freude an der eigenen Körperlichkeit und einer zeitweiligen Begegnung. Was christlich erzogene Menschen als berechnend und sündhaft interpretiert hätten, erschien hier im Einklang mit der Natur. Wir haben nur diese Berichte von Seefahrern als Quelle. Sie verglichen ihre heimischen Sitten mit den neuen Erfahrungen und werden manches, z.B. Stammeskonflikte auf der Insel oder soziale Spannungen, gar nicht mitbekommen haben.

Der Einfluss europäischer Händler (z.B. von Waffen) und Zuwanderern beförderte Stammeskriege und Infektionskrankheiten, sodass sich die einheimische Bevölkerung der Insel auf 6000 reduzierte. Ab 1819 übten weitgehend englische Missionare die Herrschaft über Tahiti aus. Nach Auseinandersetzungen zwischen den Kolonialmächten wurde die Insel 1842 französisches Protektorat und 1880 französische Kolonie. Die Europäer führten christliche Moralvorstellungen ein und verboten gegen hohe Strafen die überkommenen Sitten und Riten. Das einst bewunderte Paradies verkam immer mehr zu einem exotischen „Slum". Die Menschen in der Hauptstadt Papeete hausten in ärmlichen Wellblechhütten, weil auch ihre traditionellen Behausungen zerstört wurden. Westliche Kleidung ersetzte die traditionelle Tracht.

Der französische Maler Paul Gauguin (1848-1903) war als Kind der traditionellen, „primitiven" Kunst in Peru begegnet, wo er einige Jahre mit Mutter und Schwester lebte. Später verließ er seine Frau und fünf Kinder, um Künstler zu werden. Er strebte weg von der damals gängigen realistischen Malerei (und auch vom Impressionismus) hin zu einem „primitiven", symbolhaltigen Stil mit flächig aufgetragenen Farben. Obwohl er, zunächst verlacht, in Paris zunehmend Anhänger fand, zog es ihn zu Menschen einfacher Lebensweise in abgelegenen Gegenden. Eine solche Umgebung suchte er in der Normandie, später auch in der Provence (in einer eher unglücklichen Wohngemeinschaft mit seinem Kollegen Vincent van Gogh). Auf der Suche nach einer ursprünglichen, wirklich exotischen Lebensweise zog er 1891 auf die Insel Tahiti. „Dieser Wilde, der nicht anders kann", sagte er über sich selbst. Er war auf der Suche nach einem „Paradies", in dem er, unverdorben von westlicher Zivilisation, glücklich und ohne große Kosten leben konnte. In der Hauptstadt Papeete fand er zu seinem Schrecken dieses Idyll bereits zerstört. Er mietete sich eine traditionelle Hütte im Süden der Insel und lebte dort mit Tehama, einem 13-jährigen Mädchen, zusammen, die ihm zugleich als Modell diente. Die Bilder, die er schuf, stellen eher das Tahiti dar, das er sich erträumte, als das, das er sehen konnte. Dazu verhalfen ihm u.a. alte Aufnahmen, aber auch die eigene Phantasie. Wenn es das Paradies schon nicht gab, so konnte man es wenigstens mit Hilfe der Phantasie erschaffen. Auch sein Buch

„Noa Noa" (Duft), das in Frankreich für seine Kunst werben sollte, verband tatsächlich Erlebtes mit bloß Vorgestelltem. Im Verhalten der Menschen in den Dörfern fand Gauguin aber noch Überbleibsel alter Mentalität: eine ungezwungene, natürliche Körperlichkeit.

Schlechter Gesundheitszustand und fehlende Geldmittel zwangen den Maler, 1893 wieder nach Frankreich zurückzukehren, wo sich seine Gesundheit aber in Folge einer Schlägerei weiterhin verschlechterte. Er reiste 1895 wieder nach Tahiti, das er noch westlich entfremdeter vorfand. Wieder bezog er außerhalb der Hauptstadt eine Hütte, wo er erneut mit einem jungen Mädchen, diesmal 14-jährig, zusammenlebte. In den folgenden Jahren gebar sie ihm zwei Kinder. Seine Geldsorgen zwangen ihn, für Zeitschriften zu arbeiten, für die er polemische Artikel schrieb, in denen er den westlichen Lebensstil und die Kolonialverwaltung geißelte. Seine körperlichen Schmerzen zwangen ihn zu einem erfolglosen Suizid. Zu seinen bisherigen Problemen kam gerichtlicher Druck als Folge seiner Artikel. 1901 entschloss er sich schließlich, Tahiti zu verlassen und noch tiefer in die „Wildnis" zu gehen. Auf der Marquesa-Insel Hiva Oa, ca. 1400 km von Tahiti entfernt, lebte e erneut mit einer 14-jährigen zusammen. Ein Gerichtsurteil verurteilte ihn wegen Verleumdung des französischen Staates zu einer hohen Geldstrafe, die seine Möglichkeiten weit überstieg, doch starb er 1903.

Das Gemälde „Arearea" (etwa: Zeit der Sorglosigkeit) entstand 1892 in der ersten tahitianischen Epoche. Die nach oben abnehmende Größe der Figuren lässt eine räumliche Perspektive erahnen. Links vorne ist ein Hund mit orangenem Fell dargestellt. Auf der rechten Seite, ebenfalls noch im Vordergrund, sieht man zwei Frauen, die vor einem Baum sitzen. Die rechte, weißgekleidete Frau, für die Gauguins damalige Lebenspartnerin Modell gestanden hat, sieht den Betrachter unmittelbar an, den man sich ihr gegenüber im Gras sitzend vorstellen muss.

Sie sitzt in einer Lotusposition, ihre Handhaltung verweist auf die Erde. Die Darstellung erinnert an Buddha-Statuen. Die zweite Frau, links von ihr, spielt auf der Flöte. An die Äste des Baumes sind weiße Blumenketten gehängt, die mit der weißen Kleidung der davor sitzenden Frau korrespondieren. Der Mittelteil des Bildes zeigt Farbflächen in dunklen Tönen, die man unterschiedlich, als einen – vielleicht ausgetrockneten – Fluss oder als eine erdige Fläche, interpretieren kann. Dahinter steht schemenhaft eine Götterstatue, vor der drei Frauen mit weitgehend nacktem Oberkörper einen erotisch wirkenden Tanz aufführen.

Traditionelle Götterfiguren waren alle durch die Kolonialherren entfernt, kultische oder erotische Tänze verboten worden. Hier spürt der Maler einer eher nur empfundenen Gegenwart des Heiligen nach, der er bildliche Gestalt verleiht. Das erklärt auch die buddhistische Symbolik, die in diese Gegend nicht hingehört, aber einen exotischen Anklang aufweist. Der Hund im Vordergrund ist – bei lauter dargestellten Frauen – das einzig männliche Wesen auf diesem Bild. Manche Interpreten glauben daher, dass er symbolisch für den Maler selbst steht.

Gauguin hat zum Ende seines Lebens die Südsee mehr erlitten als erlebt. Seine Sehnsucht nach einer „naiven" Unmittelbarkeit des Menschen zur Natur und zu sich selber wird aber in seinen Bildern erkennbar. Die Kunstwelt, die zunächst befremdet reagierte, erkannte immer stärker ihren Wert So wurde der Maler zum Vorbild der Symbolisten und zum Vorläufer des Expressionismus.

2.6 Modelle der Begegnung mit dem Fremden

Grundlage: Theo Sundermeier: Den Fremden verstehen

Der Theologe Theo Sundermeier (geb. 1935) unterscheidet drei grundlegende Modelle des Umgangs mit dem Fremden, die in der Geschichte mit unterschiedlicher Häufigkeit zu beobachten sind und die jeweils kein echtes Verstehen ermöglichen. Er fügt ein viertes Modell hinzu, wie er sich ein gelingendes Begegnen vorstellt. Meines Erachtens muss das aber nicht ausschließen, dass auch dieses Modell schon von manchen Menschen gelebt wird.

Modell 1 geht im Sinne christlicher Glaubensvorstellung (oder heute der allgemeinen Menschenrechte) davon aus, dass alle Menschen gleich sind. Da die Entdecker, die den Fremden begegneten, im Wesentlichen Christen waren, ist dieses Modell das häufigste. Wer meine, damit sei ja alles in Ordnung, irre aber. Denn wer ist ein Mensch? Sind die fremden „Wilden" – das Wort sagt es schon – nicht eher eine Vorstufe, die dem Tierreich näher steht als dem Menschengeschlecht?

Gehe man davon aus, dass die Fremden Menschen seien, müsse man nur ihre Sprache lernen, um sie zu verstehen. Denn in

Wahrheit tickten sie ja wie man selber. Man müsse sich nicht darum bemühen, die Fremdheit des anderen zu verstehen, denn sie existiere nicht. Es reicht dann also, diese Menschen – meistens an niederer Stelle – in die eigene gesellschaftliche Hierarchie einzuordnen.

Glaube man, dass sie keine Menschen seien, aber die Möglichkeit hätten, welche zu werden, müsse man sie erziehen, zu einer zivilisierten Lebensweise, zur eigenen Religion. Obwohl man diesen Wesen also einen gewissen Wert zuspricht, wird das, was sie unterscheidet, als wertlos angesehen. Dieses Muster ist z.B. bei „Robinson Crusoe" und in der Behandlung schwarzafrikanischer Kolonien zu finden.

Spreche man den Fremden aber ihr Menschsein ab, blieben sie ein reines Objekt, das man beliebig für seine Zwecke nutzen könne.

Das zweite Modell betont, dass der Fremde sich grundlegend von einem unterscheidet. Er ist der Andere. Diese Erfahrung kann Angst hervorrufen, aber evtl. auch Interesse und Faszination.

Seit frühesten Zeiten wird der Fremde als Feind erlebt, der die eigene Existenz bedroht. Er müsse rechtzeitig bekämpft werden, bevor man selber dem Untergang geweiht sei. Diese Konstellation – wir hier, die Anderen dort – verstärkt das Gefühl eigener Identität und den Zusammenhalt der Gruppe (schon bei parallelen

Schulklassen zu beobachten). Die Bemühung, den Fremden zu verstehen, würde diesen Effekt wieder schwächen. Wenn rechts orientierte Gruppen Asylantenwohnheime abfackeln, fühlen sie sich von den hier beschriebenen Ängsten getrieben.

Man könne aber auch so begeistert von der anderen Kultur sein, dass man bereit sei, sie zu übernehmen und auf die eigene Tradition zu verzichten. Das gilt beispielsweise für manche „Aussteiger", aber auch für die freiwillige Übernahme von Sprache und Kultur der Kolonialmächte oder heute eines american way of life. Wer diesen Weg geht, bemüht sich zwar, die andere Kultur zu verstehen, ist aber wohl kaum in der Lage, zwischen ihr und der eigenen Tradition zu vermitteln.

Wer die Fremdheit des Anderen als eine Art Makel, eine kaum heilbare „Krankheit" ansieht, werde sich u.U. dazu herablassen, dem Fremden zu helfen, bleibe sich aber der eigenen Überlegenheit bewusst. Er werde sich also auch nicht um ein tieferes Verstehen bemühen.

Ein drittes Modell erkennt den Fremden als Ergänzung der eigenen Existenz. Wer ihm begegnet, erkenne, was ihm selbst an einem ganzheitlichen, erfüllten Leben fehle. Einige Aspekte der fremden Lebensweise zu übernehmen (seien es einzelne Errungenschaften wie z.B. Döner oder sei es eine bestimmte Lebenseinstellung) könne dann das eigene Leben bereichern.

Im Zentrum dieser Bemühungen steht aber immer das eigene Selbst. Zwar verändert die Begegnung mit dem Fremden das eigene Leben, doch wird der andere damit nur instrumentalisiert. Im Grunde komme es auf ihn selber nicht an. Ein Beispiel für diese Sichtweise liefert z.B. Paul Gauguin (vgl. 2.5), dem es vorrangig um seine Kunst, nicht um die Einheimischen gegangen ist.

Bei seinem vierten Modell beruft sich Sundermeier auf den japanischen Theologen und Philosophen Seiichi Yagi (geb. 1932). Es müsse möglich sein, Nähe zum Fremden und Anerkennung seines Andersseins gleichzeitig zu praktizieren, mit ihm vertraut zu sein und zugleich die Distanz nicht zu überspielen. Was meine Identität ausmacht, trenne mich von dem anderen. Das gilt aber auch für ihn. Sundermeier vergleicht seine Gedanken mit dem Gesicht eines Menschen. Es bilde die äußere Fassade, die das Individuum vom anderen trennt und das eigene Innere verschließt. Zugleich sei es aber auch ein Fenster, das das Innere entblößt und dem Außenstehenden Zutritt gewährt.

So existiere das Ich immer durch den anderen und mit ihm. Da alle Menschen in einem „Netz vielseitiger Beeinflussungen" lebten, sei auch jeder daran beteiligt, die Identität des anderen zu konstituieren. Ich müsse mich selbst nicht verlieren, wenn ich dem anderen begegne und ihn zu verstehen suche.

3 Blick zurück in (Zorn und) Sehnsucht

3.1 Wandernde Wurzeln

Grundlage: Karikatur von Vangelis Pavlidis
           Gino Chiellino: Heimat
           Andreas Kossert: Flucht

Das Bild des griechischen Karikaturisten Vangelis Pavlidis (geb. 1943) zeigt einen Mann mit einfacher Kleidung (Jacke, Hose, Mütze) in einer leicht seitlichen Rückenansicht. Man erkennt also den Weggehenden, der sich vom Betrachter entfernt. Er geht auf eine dunkle, nur schemenhaft zu erkennende Fläche zu, sein Weg führt ihn ins Ungewisse. Auf einem Koffer, den er in der rechten Hand hält, befindet sich ein Aufkleber mit der Aufschrift „Germany". Es scheint sich um einen (Arbeits-) Migranten zu handeln, der in Deutschland auf bessere Arbeit bzw. ein besseres Leben hofft. Auffälligstes Merkmal des Bildes sind die Wurzeln unter der Sohle des rechten Schuhes (unter dem voranschreitenden linken aber auch zu erkennen), die die Schritte des Gehenden erschweren.

Die Karikatur verdeutlicht, dass man wahrscheinlich nie seine Herkunft loswerden kann, die Menschen nicht und auch nicht die Umgebung. Man trägt sie in eine neue Lebensphase hinein. Die „Wurzeln" eines Menschen wirken nach, sind aber, einmal ausgerissen, auch nicht mehr dieselben. Die Herkunft eines

Migranten kann ihn hindern, sich ganz auf die neue Situation einzulassen, sie kann aber auch der verlässliche Grund bleiben, auf dem er sein neues „Gebäude" errichtet.

Heimat

Die Heimat
ist kein Stück Land
das
entwurzelt
hinter der Abfahrt
zurückbleibt.

Die Heimat
ist
ein Teil der Entscheidung
sie kommt mit.

In der Fremde
lebt sie mit ihm zusammen
weiter.

Eine ähnliche Aussage hat das Gedicht „Heimat" des italienischen Literaturwissen-schaftlers Gino Chiellino (geb. 1946) aus dem Jahre 1987. Die drei Strophen des modernen Gedichts (ohne Reime oder regelmäßiges Metrum) werden immer kürzer (6 – 4 – 3 Verse), auch in der Form einen Abschied nachahmend. Auffallend ist, dass die Heimat des Migranten personifiziert wird. Nicht der Mensch wird „entwurzelt" (V. 4), sondern das Land, das er verlassen hat. „Heimat" ist nämlich geprägt durch diejenigen, die sie als solche empfinden. Geht der Mensch, ist auch seine

Heimat nicht mehr das, was sie war. Sie bleibt daher nicht zurück (V. 6), sondern „kommt mit" (V. 10) und lebt mit dem Migranten zusammen in der Fremde weiter (V. 11-13).. In der zweiten Strophe wird die Heimat als „Teil der Entscheidung" (V. 9) für die Migration bezeichnet. Sie hat den Menschen vielleicht nicht mehr ernährt oder seine politische Überzeugung nicht geduldet. Doch selbst dann, wenn sie ihm zu Hause untreu geworden ist, bleibt der Bezug in der Fremde bestehen. Alles, was den Menschen ausmacht, Kultur und Sprache, leider auch seine soziale Verortung, beeinflusst seinen neu begonnenen Weg.

„Heimat" gibt es grammatikalisch nur im Singular, was ihre Einzigartigkeit verdeutlicht, in einer globalisierten Welt beinahe ein anachronistischer Zug. Sie ist auch kein genau definierter Begriff. Gerade weil er so schwammig ist, wird er gerne populistisch missbraucht. Für den Einzelnen ist Heimat vor allem eine emotionale Größe. Sie bedeu-tet seine kulturelle Identität, vor allem aber ein häufig unerfülltes Versprechen, dass Geborgenheit in dieser Welt möglich sei. Einen Wert gewinnt Heimat für viele Menschen erst dann, wenn sie sie verloren haben und sich nach ihr zurücksehnen. Dann wird idealisiert, was man zuvor nicht geschätzt oder worunter man sogar gelitten hat. Der Schriftsteller Jean Améry formulierte, man müsse Heimat haben, um sie nicht nötig zu haben.

Wer in der Fremde lebt, trägt seine Heimat aber immer – wie einen Geist – mit sich, so sagte der Schriftsteller Reinaldo Arenas in einem Interview. Er sei hier und er sei zugleich dort mit allen sinnlichen Eindrücken, die damit verbunden seien. Täglich frage er sich, wo er tatsächlich sei.

3.2 Nächtlicher Blick zurück

Grundlage: Heinrich Heine: In der Fremde, Teil III
ders.: Nachtgedanken

Heinrich Heine (1797-1856) hatte 1825 sein Jurastudium mit der Promotion erfolgreich abgeschlossen. Seine Bemühungen, als Anwalt oder Hochschullehrer einen lukrativen Brotberuf zu ergreifen, scheiterten aber alle. Da half es ihm auch nicht, dass er – als nicht wirklich Gläubiger – seine jüdische Herkunft aufgab und sich christlich taufen ließ. Für seine Gegner blieb das Judentum an ihm kleben, zumal seine spitze, kritische Feder manchen vor den Kopf stieß. So entschloss er sich, sein Geld als freier Schriftsteller zu verdienen.

Die Juli-Revolution und der Regimewechsel 1830 in Paris motivierten Heine, das demokratischere Geschehen in der französischen Hauptstadt zu beobachten und darüber zu berichten. Er formulierte Zeitschrift-Artikel für die Deutschen über Frankreich und für die Franzosen über Deutschland und leistete so eine wichtige kulturelle Vermittlungstätigkeit. Obwohl er die politischen Zustände in Deutschland ablehnte und deshalb heftig angegriffen wurde, war er zunächst kein politischer Flüchtling im eigentlichen Sinne. Das änderte sich dann, als ihm 1833 in Preußen bzw.1835 in ganz Deutschland Publikationsverbot erteilt wurde. 1844 wurde schließlich ein Grenzhaft-befehl ausgesprochen, der ihn endgültig daran hinderte zurückzu-kommen, nachdem er zuvor zwei Mal seine Mutter in Hamburg besucht hatte.

Im Vergleich zu anderen Emigranten ging es Heine in Frankreich recht gut, zumal er einige Jahre lang vom französischen Staat finanziell unterstützt wurde. Er war zwar im Hinblick auf seine Wohnverhältnisse relativ genügsam, genoss aber das turbulente Großstadttreiben, die Feste und kulturellen Veranstaltungen. Dass die Franzosen ihn nicht als Juden, sondern als Deutschen, also als normalen Ausländer, behandelten, tat ihm wohl. 1848 wurde er dann aber schwer krank und musste bis zu seinem Tode das Bett hüten.

Ich hatte einst ein schönes Vaterland.
Der Eichenbaum
Wuchs dort so hoch, die Veilchen nickten sanft.
Es war ein Traum.
Das küsste mich auf deutsch, und sprach auf deutsch
(Man glaubt es kaum
wie gut es klang) das Wort: „ich liebe dich!"
Es war ein Traum.

Das dritte Gedicht aus dem kleinen Zyklus „In der Fremde", vermutlich aus dem Jahre 1833, drückt Heines Sehnsucht nach dem Verlorenen aus. Wie in manchen seiner romantischen Gedichte geht es auch hier um eine traurige, gescheiterte Liebesgeschichte, Heines Liebe zu Deutschland, seinem Vaterland. Dieses Land, aus dem er stammt, wird in der zweiten Strophe des Gedichts personifiziert. Es küsste das lyrische Ich und sprach mit ihm (V. 5), und zwar auf Deutsch. Die eigene Muttersprache ist in den meisten Fällen für einen Schriftsteller nicht zu ersetzen. Auch Heine, der die französische Sprache relativ gut beherrschte, schrieb alle seine Artikel auf Deutsch und ließ sie, wenn nötig, übersetzen. Das Liebesgeständnis des deutschen Vaterlandes („ich liebe dich") klingt dem Dichter noch wehmütig nach, denn aus der Rückschau erscheint ihm das nur noch als „Traum" (V. 8, ebenso V. 4), als wunderbare Erinnerung, die aber als Realität kaum noch wahrgenommen werden kann.

Die erste Strophe verdeutlicht gleich zu Beginn, dass Heine an diesen Traum nicht mehr anknüpfen kann. Er „hatte einst ein schönes Vaterland" (V. 1). Eichenbaum (V. 2) und Veilchen (V. 3) stehen als romantisierte Metaphern für Deutschland, sind aber auch Symbole für Treue und Beständigkeit einerseits, zarte Liebe andererseits. Auch sie sind für ihn vergangen. Übrig bleibt nur, von dem Verlorenen zu träumen (V. 4).

Das Gedicht steht im Jambus, wobei sich lange (fünf Betonungen) und kurze Verse (zwei Betonungen) abwechseln. Einen Reim gibt es nur in den kurzen Versen; alles reimt sich hier auf „Traum".

Nachtgedanken

Denk ich an Deutschland in der Nacht,
Dann bin ich um den Schlaf gebracht.
Ich kann nicht mehr die Augen schließen,
und meine heißen Tränen fließen.

Die Jahre kommen und vergehn!
Seit ich die Mutter nicht gesehn,
Zwölf Jahre sind schon hingegangen;
Es wächst mein Sehnen und Verlangen.

Mein Sehnen und Verlangen wächst.
Die alte Frau hat mich behext,
Ich denke immer an die alte,
Die alte Frau, die Gott erhalte.

Die alte Frau hat mich so lieb,
und in den Briefen, die sie schrieb,
Seh ich, wie ihre Hand gezittert,
Wie tief das Mutterherz erschüttert.

Die Mutter liegt mir stets im Sinn.
Zwölf lange Jahre flossen hin,
Zwölf lange Jahre sind verflossen,
Seit ich sie nicht ans Herz geschlossen.
Deutschland hat ewigen Bestand,
Es ist ein kerngesundes Land,
Mit seinen Eichen, seinen Linden
Werd ich es immer wiederfinden.

Nach Deutschland lechzt ich nicht so sehr,
Wenn nicht die Mutter dorten wär;
Das Vaterland wird nie verderben,
Jedoch die alte Frau kann sterben.

Seit ich das Land verlassen hab,
So viele sanken dort ins Grab,
Die ich geliebt – wenn ich sie zähle,
So will verbluten meine Seele.

Und zählen muss ich – mit der Zahl
Schwillt immer höher meine Qual,
Mir ist, als wälzten sich die Leichen
Auf meine Brust – Gottlob! Sie weichen!

Gottlob, durch meine Fenster bricht
Französisch heitres Tageslicht;
Es kommt mein Weib, schön wie der Morgen,
Und lächelt fort die deutschen Sorgen.-

Das Gedicht „Nachtgedanken" entstand 1843 und beschreibt wohl auch die Motivation für Heines zweifachen Besuch in Hamburg. Nach dem Tod des Vaters lebte Heines Mutter allein und hatte 1842 auch noch ihre alte Wohnung durch einen Brand verloren. Ihr Sohn sorgte sich um sie, zumal die beiden wohl in engem brieflichen Kontakt standen. Dass auch die Mutter sich um den Sohn sorgte, den sie seit zwölf Jahren nicht mehr gesehen hatte, ist verständlich.

Worum man sich sorgt, das geht einem immer wieder im Kopf herum, das lässt sich nicht ausschalten. Das erklärt die Wiederholungen, die das Gedicht prägen: „Mutter" (V. 6, 16, 17,

26) bzw. „alte Frau" (V. 10, 11, 12, 13, 28) sowie „zwölf (lange) Jahre" (V. 7, 18, 19). Die Grundsituation des Gedichtes ist denn auch die schlaflose Nacht. Alle „Sorgen" (V. 30), die man sonst verdrängt, rotieren nun im Kopf und verlängern die Schlaflosigkeit zusätzlich. So kulminiert Heines Sehnsucht nach seinem Vaterland in der einen Person, zu der er eine natürliche Bindung verspürt. Das Vaterland wird zum Mutterland.

So werden Heines verlassene Mutter und sein verlassenes Heimatland in diesem Gedicht auch parallel zu Gegenständen seiner Sehnsucht. Der Dichter setzt jedoch eine deutliche Priorität. Während seine Mutter (und frühere Freunde, V. 29-31) durch ihre begrenzte Lebensspanne wertvoll bleibt, wird Deutschland eher mit bitterer Ironie charakterisiert. Das Land, aus dem Heine stammte, ist eben nicht in jeder Beziehung „sein" Land. Das wird schon an der Durchbrechung des sonst gleichmäßigen Jambus in V. 1 („Denk ich an Deutschland") und V. 21 („Deutschland") deutlich. Dieses Land durchbricht eben die Harmonie, auch die des lyrischen Gleichmaßes. Wenn Heine in V. 21-24 (auch wieder mit romantischen Stereotypen) die deutsche Natur lobt, dann mag das in Zeiten, in denen es noch kein Waldsterben gab, berechtigt sein. Aber es ist eben nur die Natur – und nicht die politische oder soziale Ordnung –, die dieses Land zu einem Heim werden lassen kann. Heines Qual, die er angesichts verstorbener Freunde empfindet (V. 29-36), deutet die

Atmosphäre politischer Verfolgung und zahlreicher Berufsverbote nur an. In diesem Land kann man eben nicht leben, dort kann man nur sterben.

Zentrale Symbole des Gedichts sind Nacht und Tag (bzw. Morgen), Licht und Dunkelheit. Die letzte Strophe (V. 37-40) wirft in ironischer Weise Licht auf Heines gegenwärtige Existenz und relativiert seine Vergangenheit. Heines Ehefrau vermag durch ihre Schönheit und ihren Charme auch die Gedanken an die Mutter zu verscheuchen. Frankreichs politische Ordnung ist, wie der Dichter weiß, keineswegs ideal, aber sie ist Deutschland um Längen voraus und kann ihm als Vorbild dienen. Daher sind es die „deutschen Sorgen" (V. 40), die durch „Französisch heitres Tageslicht" (V. 38) vertrieben werden

3.3 Letztlich unbehaust

Grundlage: Mascha Kaléko: Im Exil
dies.: Bleibtreu heißt die Straße

„Ich hatte einst ein schönes Vaterland" –
So sang schon der Flüchtling Heine.
Das seine stand am Rheine,
Das meine auf maerkischem Sand.

Wir alle hatten einst ein (siehe oben!).
Das frass die Pest, das ist im Sturz zerstoben.
O Roeslein auf der Heide,
Dich brach die Kraftdurchfreude.

Die Nachtigallen wurden stumm,
Sahn sich nach sicherm Wohnsitz um,
Und nur die Geier schreien
Hoch ueber Graeberreihen.

Das wird nie wieder, wie es war,
Wenn es auch anders wird.
Auch, wenn das liebe Gloecklein tönt,
Auch wenn kein Schwert mehr klirrt.

Mir ist zuweilen so, als ob
Das Herz in mir zerbrach.
Ich habe manchmal Heimweh.
Und weiss nur nicht, wonach.

Das Gedicht „Im Exil" (auch unter dem Titel „Emigranten-Monolog) aus dem Jahre 1945 von Mascha Kaléko (1907-1975) nimmt Bezug auf Heinrich Heines Gedicht „In der Fremde", dessen erster Vers wörtlich übernommen wird. Der Flüchtling Kaléko vergleicht sich hier mit dem „Flüchtling Heine" (V. 2). Die Autorin sieht – bei aller Veränderung der Situation – eine Gesetzmäßigkeit der Migrantengeschichte und ihre Identifikation mit dem „Vorbild". Es sind die jüdischen Dichter, die verfolgt und vertrieben werden. Die Autorin identifiziert sich auch mit einem nicht näher bezeichneten „Wir" (V. 5), mit allen, die ebenfalls unter dem Regime des Nationalsozialismus gelitten haben. Sie blickt bereits auf ein zerstörtes Deutschland (vgl. V. 6, 12). Die „Nachtigallen" (V. 9), also die Stimmen der Dichter, sind längst verstummt, sie haben sich – wenn möglich – ins Ausland gerettet (vgl. V. 10). Jetzt sind es die „Geier" (V. 11), deren Todesschrei die Zerstörung akustisch unterstreicht. „O Röslein auf der Heide, / Dich brach die Kraftdurchfreude." (V. 7f.) Es war die nationalsozialistisch verordnete Gefühlsseligkeit, die auch die Werke der Klassiker und Romantiker entleerte und ihnen – wie hier Goethes „Heideröslein" – ihre revolutionäre Spitze nahm.

Kalékos lyrisches Ich steht nicht nur vor den Trümmern Deutschlands, sondern auch vor denen der eigenen Erinnerung. Denn ein Zurück, sozusagen eine Korrektur des historischen Fehlers, ist nicht mehr möglich. „Das wird nie wieder, wie es war, / Wenn es auch anders wird." (V. 13f.) Hitler mag hinweggefegt sein, das, was früher Heimat war und in dem Glück mindestens teilweise möglich war, ist unwiederbringlich vorbei. So entsteht die paradoxe Situation, dass das lyrische Ich Heimweh empfindet, ohne zu wissen, wonach (V. 19f.). Es bleibt ein Gefühl, das nicht verdrängt werden kann und das gerade deshalb trostlos ist, weil ihm kein Objekt entspricht. „Mir ist zuweilen so, als ob / Das Herz in mir zerbrach." (V. 17f.) Auch hier übernimmt Kaléko die romantische Tradition Heines, um den Zustand der äußeren und inneren Zerstörung spürbar werden zu lassen.

Der zersplitterten Wirklichkeit, die sich trotz aller Bemühungen nicht zu einem stimmigen Ganzen fügt, entspricht die Form des Gedichts. Sein Metrum ist weitgehend Jambus, dessen Regelmäßigkeit aber teilweise durch zusätzliche Senkungen unterbrochen wird. Die Verse sind unterschiedlich lang. Die erste Strophe hat einen umarmenden Reim, die nächsten beiden Paarreime, in Strophe vier und fünf reimen sich schließlich nur noch die zweiten und vierten Verse. Es ist so, als ob die Form unter der Hand zerbröckeln würde wie schon der Bezug zur Heimat.

Bleibtreu heißt die Straße

Vor fast vierzig Jahren wohnte ich hier;
Zupft mich was am Ärmel, wenn ich
So für mich hin den Kurfürstendamm entlang
Schlendere – heißt wohl das Wort.
Und nichts zu suchen, das war mein Sinn.
Und immer wieder das Gezupfe.
Sei doch vernünftig, sage ich zu ihr.
Vierzig Jahre! Ich bin es nicht mehr.
Vierzig Jahre. Wie oft haben meine Zellen
Sich erneuert inzwischen
In der Fremde, im Exil.
New York, Ninety-Sixth Street und Central Park,
Minetta Street in Greenwich Village.
Und Zürich und Hollywood. Und dann noch Jerusalem.
Was willst du von mir, Bleibtreu?
Ja, ich weiß, Nein, ich vergaß nichts.
Hier war mein Glück zu Hause. Und meine Not.
Hier kam mein Kind zur Welt. Und musste fort.
Hier besuchten mich meine Freunde
Und die Gestapo.
Nachts hörte man die Stadtbahnzüge
Und das Horst-Wessel-Lied aus der Kneipe nebenan.
Was blieb davon?
Die rosa Petunien auf dem Balkon.
Der kleine Schreibwarenladen.
Und eine alte Wunde, unvernarbt.

Kalékos Gedicht „Bleibtreu heißt die Straße" aus dem Jahre 1974 – kurz vor dem Tod der Dichterin entstanden – kommt ganz ohne die traditionelle Gedichtform aus: keine Strophen, keine Reime, kein Metrum. Es erscheint mehr wie eine spontane Reflexion, dem Zufall der Gedanken überlassen. Doch bleibt das Gedicht nicht ohne Form. Rhetorische Mittel wie Wiederholungen, Anaphern, Parallelismen und Antithesen bestimmen seine Feinstruktur. Außerdem zentriert die Dichterin die dargestellten Zeiten. Sie schrieb ihren Text in Jerusalem, verknüpft dieses Geschehen aber mit Berlin-Besuchen, die sie nach dem Zweiten Weltkrieg gemacht hat. So entsteht eine klare zeitliche Struktur: Neben dem Einst, der Zeit vor ihrer Emigration, steht das fiktive Jetzt ihres Aufenthalts in Berlin.

Inhaltlich vollzieht sich ein Gespräch des lyrischen Ichs mit der Straße, in der es früher gewohnt hatte. Eigentlich schlendert es nur durch die große Stadt („Und nichts zu suchen, das war mein Sinn." V.5 als Goethe.Zitat), doch die Bleibtreustraße, in der sie früher gelebt hatte, zieht sie magisch an, sie zupft sie am Ärmel (V. 2, 6). Tatsächlich lebte die Dichterin 1936-1938 in dieser Straße und erlebte dort wohl ihre glücklichste Zeit, ihr Zusammenleben mit ihrem zweiten Mann und die Geburt ihres Sohnes. Ursprünglich stammte sie aus Galizien und kam über Frankfurt und Marburg in die deutsche Hauptstadt, wo sie zwanzig Jahre lang lebte. Mascha war wunderschön und ein bisschen verrückt und passte hervorragend in dieses Berlin, das ihr literarischen Erfolg ermöglichte. Da die Nationalsozialisten in den ersten Jahren nicht realisiert hatten, dass Kaléko eine Jüdin ist, blieb sie zunächst unbehelligt, musste aber schließlich – oder konnte rechtzeitig – doch Deutschland verlassen. Fast erscheint der Name „Bleibtreu" als symbolische Bezeichnung, denn knapp vierzig Jahre danach beschäftigt sich die Dichterin immer noch mit ihrer damaligen Heimat.

Die lange Zeitdauer von vierzig Jahren (V. 1, 8, 9) bedingt, dass sich alles verändert hat. Die Autorin ist eine andere geworden und die Straße auch. Kaléko hat zu viel erlebt, um sich jetzt noch von dieser Heimat locken zu lassen (V. 15). Sie zählt die Stationen ihres Exils, das sie über die USA und die Schweiz nach Israel gebracht hat (V. 12-14), auf. In Jerusalem lebt sie nun nach dem Tode ihres dritten Mannes vereinsamt. Berlin hat sie verloren, eine neue Heimat aber nie gefunden. So gehen ihre Erinnerungen zurück: Familiäres Glück (V. 17f.) hatte sie ebenso erlebt wie den Terror der Gestapo (V. 20), Berliner Großstadtleben (V. 21) ebenso wie grölende Nazis (V. 22).

1956 besuchte Mascha Kaléko erstmals wieder die Stadt Berlin. Sie hatte sich ein Zimmer in der „Pension Bleibtreu" in ihrer ehemaligen Straße reservieren lassen, doch war dieses Zimmer, als sie ankam, von einem kurzfristig aufgetauchten Stammgast besetzt. Wenn dieses Geschehen auch mehr ein unglücklicher

Zufall war, erscheint es fast so, als hätte diese Stadt sie ausgestoßen. Dennoch besuchte die Dichterin das Haus, in dem sie gewohnt hatte, und das jetzt einen eher heruntergekommenen Eindruck machte. Einiges erkannte sie wieder (V. 24f.). Was sie aber vor allem an diese Straße fesselt, ist „eine alte Wunde, unvernarbt" (V. 26). „Bleibtreu heißt die Straße" war das letzte Gedicht, das Mascha Kaléko vor ihrem Tode vollendete.

In ihrem Gedicht „Heimweh, wonach?" formuliert sie angesichts eines ihrer Berlin-Besuche: „Fremde sind wir nun im Heimatort. / Nur das ‚Weh', es blieb, / Das ‚Heim' ist fort."

3.4 Flucht ins Wort

Grundlage: Rose Ausländer: Mein Schlüssel
dies.: Mutterland

Rose Ausländer (1901-1988) stammte aus dem ursprünglich österreichisch-ungarischen, später rumänischen Czernowitz, einer multiethnischen und multikulturellen Stadt mit einer großen Gruppe jüdischer Schriftsteller, deren Muttersprache Deutsch war. Sie wanderte nach dem Ersten Weltkrieg in die USA aus, wo sie schrieb und übersetzte. 1931 kehrte sie aber nach Czernowitz zurück. Die Rumänen, die mit Deutschland verbündet waren, sperrten sie 1941 ins jüdische Ghetto. In einem Kellerversteck entging sie der Deportation und überlebte. Ab 1965 lebte sie dann in Düsseldorf.

Mein Schlüssel
hat das Haus verloren

Ich gehe von Haus zu Haus
keines passt

Den Schlosser
habe ich gefunden
mein Schlüssel passt
zu seinem Grab

Das Gedicht „Mein Schlüssel" hat drei Strophen mit zwei, zwei und vier Versen. Das Schicksal des personifizierten Schlüssels verdeutlicht die Heimatlosigkeit des lyrischen Ichs: „Mein Schlüssel / hat das Haus verloren" (V. 1f.). Wer schon einmal einen Schlüssel verlegt hat, wird hier über die Umkehrung der Perspektive stolpern. Ein Schlüssel eröffnet und schließt den Intimbereich eines Menschen. Er kann Rückzug und Begegnung ermöglichen, die die Heimat eines Menschen in Bezug setzt zu der seiner Mitmenschen. Ein Schlüssel ohne Haus bleibt aber funktionslos. Er markiert nur noch die Erinnerung, die gleichsam in der Luft schwebt.

Offensichtlich ist dem lyrischen Ich das, was es verloren hat, wichtig. Es probiert seinen Schlüssel aus, immer wieder „von

Haus zu Haus" (V. 3). Doch das Schloss, das diesem Schlüssel entspricht, findet es nicht. Es bleibt draußen, gehört nicht dazu.

Die traurige Pointe des Gedichts folgt in der dritten Strophe: Der Schlüssel passt nicht in eine Haustür, aber zum Grab des Schlossers. Es ist nicht mehr der intime Bereich des Hauses, der Wohngegend oder Stadt, in der das lyrische Ich ankommen kann, es ist der innere Bezug zu den Menschen, die verfolgt und vernichtet wurden. Die innere „Heimat" vollzieht sich in der trauernden Rückschau.

Mutterland

Mein Vaterland ist tot
sie haben es begraben
im Feuer

Ich lebe
in meinem Mutterland
Wort

Die zwei Strophen des Gedichts „Mutterland" aus dem Jahre 1978 mit ihren jeweils drei Versen leben von ihrer antithetischen Struktur: „tot" (V. 1), und „lebe" (V. 4), „sie" (V. 2) und „Ich" (V. 4), „Vaterland" (V. 1) und „Mutterland" (V. 5). Das „Vaterland" des lyrischen Ichs ist unwiederbringlich verloren, es wurde „im Feuer" (V. 3) begraben. Die Formulierung verweist also nicht auf ein kultisches Begräbnis, sondern auf ungehemmte Zerstörungswut, die kaum Raum lässt für Trauer und Bedauern.

Was dem lyrischen Ich bleibt, ist aber das „Wort" (V. 6), die deutsche Sprache, das Wort der Dichtung. Die Muttersprache bleibt die Heimat, die nicht genommen werden kann. Dieses „Mutterland" ermöglicht es dem lyrischen Ich weiterzuleben. Rose Ausländer schrieb: „Der unerträglichen Realität gegenüber gab es zwei Verhaltensweisen: entweder man gab sich der Verzweiflung preis, oder man übersiedelte in eine andere Wirklichkeit, die geistige."

4 Sich selber fremd – der Welt fremd

4.1 Kalte Wüste Welt

Grundlage: Friedrich Nietzsche: Vereinsamt

Vereinsamt

Die Krähen schrei'n
Und ziehen schwirren Flugs zur Stadt:
Bald wird es schnei'n –
Wohl dem, der jetzt noch – Heimat hat!

Nun stehst du starr,
Schaust rückwärts, ach! wie lange schon!
Was bist du, Narr,
Vor winters in die Welt entflohn?

Die Welt – ein Tor
Zu tausend Wüsten stumm und kalt!
Wer das verlor,
Was du verlorst, macht nirgends Halt.

Nun stehst du bleich,
Zur Winter-Wanderschaft verflucht,
Dem Rauche gleich,
Der stets nach kältern Himmeln sucht.

Flieg, Vogel, schnarr
Dein Lied im Wüsten-Vogel-Ton! -
Versteck, du Narr,
Dein blutend Herz in Eis und Hohn!

Die Krähen schrei'n
Und ziehen schwirren Flugs zur Stadt:
- Bald wird es schnei'n.
Weh dem, der keine Heimat hat!

Das kunstvoll gestaltete Gedicht von Friedrich Nietzsche (1844-1900) hat sechs Strophen mit jeweils 4 Versen. Zweihebige und vierhebige Jamben wechseln sich ab, sodass je zwei aufeinander folgende Verse eine Einheit bilden (teilweise mit Enjambement). Ein durchgehender Kreuzreim verbindet wiederum zwei Paare zu einer Strophe. Männliche Kadenzen unterstreichen die Härte des Inhalts dieses Gedichtes. Strophe 1 und 6 haben weitgehend denselben Wortlaut und unterscheiden sich lediglich in ihrem vierten Vers. Sie rahmen die restlichen Strophen ein. Während in den Strophen 2 bis 5 das lyrische Ich sich selber als „Du" anspricht, also die eigene Situation reflektiert, ist der Rahmen allgemeiner formuliert und lädt damit den Leser zu einem eigenen Erleben ein.

Man könnte in dem Gedicht einen zeitlichen Ablauf erkennen, in dem das lyrische Ich (aus Freiheitsdrang?) seine Heimat verlässt und schließlich hoffnungslos und verzweifelt erkennen muss, die falsche Entscheidung getroffen zu haben. Bei diesem Verständnis blieben freilich manche Fragen offen. Warum wählt das Ich zum Beispiel gerade den Winter, der die Wanderschaft unnötig erschwert? Welcher Umstand „zwingt" ihn überhaupt, sich auf den Weg zu machen? Überzeugender scheint mir, das bildreiche Gedicht als Darstellung einer inneren Befindlichkeit zu deuten. Es stellt dann soziale Vereinsamung und das Gefühl von Ortlosigkeit dar. Auch ohne sich wegzubewegen, kann man sich in der Fremde fühlen.

Das 1884 entstandene Gedicht hatte ursprünglich zwei weitere Strophen, die die Aussage umkehrten. Der ortlos Gewordene wird darin als der Starke dargestellt, der trotz allen Verlustes froh ist, das „dumpfe deutsche Stuben-Glück" verlassen zu haben. Diese Pointe erinnert ein wenig an den „tollen Menschen" in Nietzsches „Fröhlichen Weinberg", der den „Tod Gottes" und den Verlust aller überkommenen Werte einerseits beklagt, andererseits aber als Herausforderung sieht, dem Menschen eine neue Freiheit zu gewinnen. Als das Gedicht 1894 veröffentlicht wurde, wurden die abschließenden Strophen aber gestrichen, sodass nicht die politisch-philosophische Aussage im Mittelpunkt steht, sondern der Blick auf die innere Befindlichkeit eines Menschen gerichtet wird, der sich selber und der Welt fremd geworden ist.

Zahlreiche Alliterationen unterstreichen die gedankliche Welt des Gedichtes. „Heimat" (V. 4, 24) entspricht hier dem „Herz" (V. 20). Das lyrische Ich fühlt sich also dort zu Hause, wo es seine tiefsten Gefühle entfalten kann und darin von anderen angenommen wird. Die Verse 19f. machen aber deutlich, dass das Ich innere und äußere Kälte verspürt und unter einer emotionalen Verletzung leidet. Gegensatz zur Heimat ist die „Welt" (V. 8f.), die wiederum mit „Wüsten" (V. 10) und mit der Kälte des „Winters" (V. 14 sowie indirekt V. 3, 23) gleichgesetzt wird. Sie bezeichnet das Gefühl, nicht „daheim" zu sein, sich nicht entfalten zu können und von den Mitmenschen auch nicht akzeptiert zu werden.

Die Rahmenstrophen 1 und 6 zeigen zunächst bildhaft die Gefahr auf, die von den Vögeln instinktiv gespürt wird. Sie suchen in der Stadt Schutz und Nahrung vor der aufkommenden Kälte. Die Alliteration auf „sch" in den Versen 1-3 bzw. 21-23 unterstreicht lautmalerisch die Bewegung der Vögel. Wie die Krähen Schutz suchen, sorgt Heimat für die Menschen für Geborgenheit und Sicherheit. Das Gedicht stellt also eine Gegenbewegung dar. Während das lyrische Ich seine Heimat „verlassen" bzw. verloren hat, zieht es die Vögel zu „sicherem" Unterschlupf. Zudem gelten die Krähen (V. 1,21) als Vorboten des Todes. Ihre Erwähnung unterstreicht die unheilvolle Atmosphäre des Gedichtes. Die geänderte Formulierung im jeweils vierten Vers der Rahmenstrophen („Wohl dem, der jetzt noch – Heimat hat!" - „Weh dem, der keine Heimat hat!") enthält eigentlich dieselbe Aussage bei veränderter Perspektive, unterstreicht aber am Ende des Gedichtes die Hoffnungslosigkeit des lyrischen Ichs.

Die Binnenstrophen verdeutlichen dessen Situation. Das lyrische Ich steht außerhalb jeglicher Geborgenheit, mindestens teilweise aus eigener Schuld. Es hat aufgegeben, was ihm Heimat hätte sein können, und sich in die Ortlosigkeit der „Welt" begeben, ohne deren Kälte vorauszusehen. Nun bedauert es seinen unüberlegten Schritt, bezeichnet sich selber als „Narr" (V. 7, 19), sieht aber auch keine Möglichkeit, den übereilten Schritt rückgängig zu machen. Die Alliterationen auf „w" bzw. auch auf „v" bzw. „f" unterstreichen die hoffnungslose Situation. Das Ich sieht sich „ verloren" (V. 11f.) und „verflucht" (V. 14), die ewige Wanderschaft (V. 12, 14) innerhalb einer Welt fortzusetzen, die sich als „Wüste" offenbart, endlos, ohne Leben und ohne Ziel. Es vergleicht sich mit dem Rauch (V. 15f.) und dem Vogel (V. 17f.), die ebenfalls immer in Bewegung sind und deren „Standort", wenn überhaupt, nur ein vorläufiger, vergehender sein kann.

Das innere Erleben des lyrischen Ichs wird mit Attributen bzw. Adverbien wie „starr" (V. 5), bleich (V. 13), „blutend" (V. 20) charakterisiert, die Welt – verbunden mit der Hyperbel „tausend

Wüsten" – als „stumm und kalt" (V. 10). Es wäre zu kurz gegriffen, das Gedicht lediglich als Warnung vor einer Reise im Winter zu verstehen. Wie in dieser Jahreszeit die Vegetation „einfriert", so können sich menschliche Beziehungen zu jeder Zeit kalt und unpersönlich zeigen. Wer die Umwelt verliert, kann sich auch selber verlieren, und – auch umgekehrt – wer sich selber fremd wird, verliert häufig ebenso den Halt an der äußeren Welt.

4.2 Missglückte Heimkehr

Grundlage: Franz Kafka: Heimkehr

Heimkehr

Ich bin zurückgekehrt, ich habe den Flur durchschritten und blicke mich um. Es ist meines Vaters alter Hof. Die Pfütze in der Mitte. Altes, unbrauchbares Gerät, ineinander verfahren, verstellt den Weg zur Bodentreppe. Die Katze lauert auf dem Geländer. Ein zerrissenes Tuch, einmal im Spiel um eine Stange gewunden, hebt sich im Wind. Ich bin angekommen. Wer wird mich empfangen? Wer wartet hinter der Tür zur Küche? Rauch kommt aus dem Schornstein, der Kaffee zum Abendessen wird gekocht. Ist dir heimlich, fühlst du dich zu Hause? Ich weiß es nicht, ich bin sehr unsicher. Meines Vaters Haus ist es, aber kalt steht Stück neben Stück, als wäre jedes mit seinen eigenen Angelegenheiten beschäftigt, die ich teils vergessen habe, teils niemals kannte. Was kann ich ihnen nützen, was bin ich ihnen und sei ich auch des Vaters, des alten Landwirts Sohn. Und ich wage nicht an die Küchentür zu klopfen, nur von der Ferne horche ich, nur von der Ferne horche ich stehend, nicht so, dass ich als Horcher überrascht werden könnte. Und weil ich von der Ferne horche, erhorche ich nichts, nur einen leichten Uhrenschlag höre ich oder glaube ihn vielleicht nur zu hören, herüber aus den Kindertagen. Was sonst in der Küche geschieht, ist das Geheimnis der dort Sitzenden, das sie vor mir wahren. Je länger man vor der Tür zögert, desto fremder wird man. Wie wäre es, wenn jetzt jemand die Tür öffnete und mich etwas fragte. Wäre ich dann nicht selbst wie einer, der sein Geheimnis wahren will.

Franz Kafkas (1883-1924) Parabel „Heimkehr" aus dem Jahre 1920 nimmt in Ihrem Grundmotiv Bezug auf das biblische Gleichnis vom verlorenen Sohn (Lk 15,11-32): Ein Sohn kehrt nach langer Abwesenheit zum väterlichen Hof zurück. Auch wenn die Familie offenbar noch weitere Glieder hat, steht das Verhältnis von Vater und Sohn im Mittelpunkt. Hier endet aber die Übereinstimmung. Der Leser erfährt nichts über die Gründe, warum der Sohn den Hof verlassen hat und warum er nun zurückkehrt. Wie er sein Leben in der Zwischenzeit gestaltet hat, bleibt im Dunkeln. Schließlich läuft ihm der Vater nicht entgegen, der Sohn macht sich auch nicht bemerkbar und zögert vor dem entscheidenden Schritt.

Der Text wird durchgehend in der Ich-Perspektive des Sohns erzählt. Weite Teile bilden seinen inneren Monolog, rhetorische Fragen und der Gebrauch des Konjunktivs in seinen Überlegungen verdeutlichen sein ungewisses Zögern. Die Aussagen „Ich bin zurückgekehrt..." und „Ich bin angekommen" am Anfang des Textes werden durch das weitere Geschehen in Frage gestellt. Trotz der erreichten räumlichen Nähe ist der Ich-Erzähler nicht angekommen.

Der Anfangsteil des Textes stellt dar, wie der Sohn den Hof betritt und den Weg bis zum bewohnten Teil (der Küche) zurücklegt. Er erkennt sein altes Zuhause wieder und sieht es doch verändert. Alles erscheint alt und heruntergekommen. Eine Pfütze und „unbrauchbares Gerät" erschweren ihm den Zugang, eine Katze „lauert auf dem Geländer". Die äußere Beschreibung verdeutlicht die innere Befindlichkeit des Heimkehrers. Er fühlt sich fremd, woran auch ein zerrissenes Tuch an einer Stange, das ihn an seine Kindheit erinnert, nichts ändern kann.

„Rauch aus dem Schornstein" ist für den Ich-Erzähler ein Hinweis auf Leben hinter der Tür zur Küche. Diese Tür empfindet er als Barriere, er steht davor, die Familie lebt dahinter, ist wahrscheinlich beim Abendessen. Ihm wird die Entfremdung bewusst. An dem, was sie beschäftigt und bewegt, hat er schon lange keinen Anteil mehr. Auch das Leben der zu Hause Gebliebenen ist weitergegangen, ohne dass sie seine Mitarbeit benötigen. Er horcht, ob er Fetzen des Gespräches aufschnappen kann, wagt aber auch nicht nahe an die Tür zu treten, um nicht als Horcher überrascht und überführt zu werden. Je länger er aber zögert, die Tür zu öffnen, umso unmöglicher wird ihm der Gedanke, diesen Schritt jemals zu tun:„Je länger man vor der Tür zögert, desto fremder wird man." Das „man" verallgemeinert die Aussage des Satzes über den Ich-Erzähler hinaus. Zugehörigkeit, Heimat ist eine spontane, selbstverständliche Erfahrung. Jede reflektierende Erwägung signalisiert schon ein Stückchen Distanz. Fremdheitserfahrung stellt sich also ein, wenn diese Selbstverständlichkeit verloren geht. Wenn der Ich-Erzähler lange genug vor der Tür verharrt, ist der Augenblick überschritten, an dem er noch den Mut findet zurückzukehren. Ihm wird bewusst, dass auch er nicht mehr bereit ist, den anderen Anteil an seinem Leben zu geben. Die Parabel behält einen offenen Schluss, aber eine erfolgreiche Heimkehr des Ich-Erzählers ist nicht mehr zu erwarten.

Kafka schrieb den Text ein Jahr nach seinem umfangreichen „Brief an den Vater", unter dessen autoritärem und bestimmendem Verhalten er zeit seines Lebens gelitten hat. Auch in „Heimkehr" fällt auf, dass nur von dem Vater („Vaters alter Hof"), nicht von der Mutter oder Geschwistern die Rede ist, es also letztlich um die Entfremdung von Vater und Sohn geht. Wie aber Kafka seinen Brief nie abgeschickt hat, so kommt es auch in der Parabel zu keiner unmittelbaren Auseinander-setzung. Sie vollzieht sich ausschließlich im Innern des Ich-Erzählers, der den Konflikt nicht lösen kann, weil er in sich gespalten ist. Auch wenn Parallelen zum Leben des Autors zu erkennen sind, bleibt die

Parabel mehrdeutig und lädt dazu ein, darüber nachzudenken, was einer Überwindung innerer Fremd-heit im Wege steht.

4.3 Im Feuerkreis gefangen

Grundlage: E.T.A. Hoffmann: Der Sandmann

In Ernst Theodor Amadeus Hoffmanns (1876-1822) Erzählung „Der Sandmann" aus dem Jahre 1815 geht es um einen jungen Mann, Nathanael, der in sich gespalten und nicht mehr in der Lage ist, die Sphären von Realität und Fantasie zu unterscheiden.

Zentrales Symbol des Textes sind die Augen, dasjenige Organ des menschlichen Körpers, das Innen- und Außenwelt miteinander verbindet. Mit den Augen nehmen wir die äußeren Erscheinungen in uns auf, mit ihnen zeigen wir unsere inneren Stimmungen – manchmal auch unfreiwillig – nach außen. Nathanael, der sich selbst für ein poetisches Talent hält, projiziert seine innere Vorstellung des Wunderbaren und seine Angst vor Dämonischem in die – eigentlich alltägliche – Außenwelt und ist andererseits überzeugt davon, dass diese Empfindungen ihm von außen begegnen und sein Leben beeinflussen. Anderslautende Erklärungen nimmt er höchstens scheinbar entgegen und sucht in seinen Gesprächs- und Lebenspartnern eine Folie, in der er sich selbst gespiegelt sieht.

In einem Brief, mit dem die Erzählung beginnt, offenbart Nathanael Gründe für seine Lebensangst, die in seiner Kindheit wurzeln. Versteckt wohnte er damals Teilen eines alchemistischen Experiments bei, das sein Vater mit Coppelius, einem Notar, unternahm. Der Junge wurde ohnmächtig, von den Erwachsenen entdeckt und blieb tagelang krank. In seiner Fantasie erlebte er, dass Coppelius, der ihm sehr unsympathisch war, zur Strafe seine Augen forderte, sich dann aber auf Fürsprache des Vaters damit begnügte, Arme und Beine ab- und wieder versetzt anzuschrauben, als sei Nathanael eine Maschine. Das traumatische Ereignis verknüpfte der Junge mit der häuslichen Atmosphäre schwarzer Pädagogik, die auf Angst und Verheimlichung zielte, einerseits und mit dem Tod des Vaters bei einem weiteren Experiment andererseits. In Coppelius sieht Nathanael alles Feindliche, das sein Glück zerstören will, personifiziert.

Gegenpol in der Geschichte ist seine Verlobte Klara, mit der er aufgewachsen ist und die offenbar schon länger mit ihm verbunden ist. Sie ist rein rational veranlagt, sucht für alles eine verständliche Ursache und hat wenig Verständnis für die Fantastereien ihres Partners. Zwar versucht sie immer wieder, auf ihn einzugehen und ihn zu beruhigen, reagiert zugleich aber ablehnend auf seine Fantasien und Dichtungen. Im Gegensatz zu Nathanaels in sich zerrissenem Wesen ist Klara gradlinig und leicht zu verstehen. Solange er sich bei ihr geborgen fühlt, empfindet er ihr gegenüber liebevolle Gefühle, die aber schnell erkalten, als sie ihm heftiger widerspricht. Nathanael, der nur sich selbst und sein Empfinden reproduziert haben will, verliebt sich in Olimpia, eine Art Roboter, die ihm genau das bieten kann. Ihre wortkarge „Kommunikation" und ihr vermeintlich intensives Zuhören interpretiert er als Ausdruck ihrer Liebe. Gescheiterte Kommunikation, die eher zum Monolog wird, durchzieht die ganze Erzählung. Briefe werden falsch adressiert und nicht (bzw. nur über einen Umweg) beantwortet. Weitere Briefe bleiben unvollendet liegen. Nathanael und Klara reden weitgehend aneinander vorbei, da sie auf unterschiedlichen Ebenen denken. Die Kommunikation mit dem Roboter ist nur eine einseitige.

Nathanaels Irrtum, der Olimpia für einen wirklichen Menschen hält, wird durch den Kauf eines Fernrohrs gefördert. Der auf Brillen u.Ä. spezialisierte Hausierer Coppola erscheint dem jungen Studenten – nicht nur wegen des Namens - als Verkör-perung des verhassten Coppelius. Einerseits fühlt er sich wieder verfolgt, andererseits entwickelt er wegen dieses Argwohns ein schlechtes Gewissen und kauft daher das Fernrohr. Auf die in einem Zimmer des gegenüber liegenden Hauses sitzende Olimpia gerichtet, erscheinen ihm die Züge dieser Maschine lebendig. Die Qualität des Rohres, das Weite in die Nähe zu rücken, erleichtert es dem Studenten, vor seinen Augen zu „sehen", was er sich wünscht. So wird in der Erzählung immer wieder mit dem Motiv der „Augen" gespielt. Die Amme erzählte eine angsterregende Geschichte vom „Sandmann", der die Augen der Kinder an seinen Nachwuchs verfüttert. Im trauma-tischen Kindheitsereignis fordert Coppelius die Augen des Knaben. Klaras Augen sieht ihr Verlobter in einem Gedicht in seine Brust springen, dann erkennt er in ihnen den Tod, ein Motiv, das auch am Ende der Erzählung vorkommt und dazu führt, dass er erst Klara von einem hohen Turm werfen will und sich dann selber hinabstürzt. Schließlich bezeichnet Coppola seine Brillen als Augen, zumal er als Italiener offenbar nur unvollkommen Deutsch kann. Mechanische Hilfen übernehmen das Sehen, führen aber nicht dazu, die Realität schärfer zu betrachten, sondern schaffen eine alternative Realität. Für den Leser bleibt dabei eine letzte Ungewissheit: Ist das Fernrohr nicht doch ein Instrument dämonischer Zauberei? Sind Coppola und Coppelius doch identisch, zumal auch der Erzähler die Namen mehrmals vertauscht und damit Nathanaels Innenleben gerecht wird? Sind Nathanaels Wahnideen und sein schreckliches Schicksal nicht doch von finsteren Mächten geplant und verursacht?

Der Dichter E.T.A. Hoffmann vermengt in seinen Erzählungen immer wieder die Ebenen der täglichen Realität und märchenhafter Fantastik. So „lauert" für den, der dafür empfänglich ist, in der gewohnten Umgebung der Durchgang zu einer ganz anderen Welt, die den langweiligen Alltag durchbricht. Die außen wahrgenommene Welt und die Welt der Fantasie sind für Hoffmann beide wahr, sodass das Leben des für die Kunst empfänglichen Menschen Tiefgang gewinnt. Doch er erkennt auch die Gefahren, die entstehen, wenn die Fantasie für das einzig Reale gehalten wird. Nathanael erkennt im „Sandmann" anderes nur als eine Widerspiegelung seines Selbst in der Welt und fühlt sich im Wahnsinn in einen „Feuerkreis" geworfen. Der Kreis dreht sich immer nur an derselben Stelle, er „sperrt" ins Innere ein, er lässt keine Kommunikation und keine Entwicklung zu.

5 Alte Traditionen in neuer Umgebung

5.1 Deutsche Einwanderer in Amerika

Grundlage: Christof Thöny: Die USA – ein Einwanderungsland im Wandel der Zeit
Theodor Griesinger: Kleindeutschland in New York
Wolfgang Helbich: Die Integration der Deutschamerikaner aus heutiger Sicht
ders., Die Hintergründe des Nativismus

Die Auswanderung deutschsprachiger Menschen (einen Nationalstaat gab es ja zunächst noch nicht) in die USA hatte zumeist wirtschaftliche Gründe. Missernten und Hungersnöte, Erbteilungen, die den landwirtschaftlichen Ertrag immer mehr verringerten, die Konkurrenz des traditionellen Handwerks durch die aufkommende Industrialisierung zwangen viele Menschen, ihre heimatliche Umgebung zu verlassen. Sie gehörten in der

Regel der Unter- und der unteren Mittelschicht an. Häufig wurden sie von ihrer Gemeinde unterstützt, um die Schiffspassage bezahlen zu können, denn ihr Fortgang führte zu einer Erleichterung der kommunalen Kosten. Ebenso waren es aber auch bereits ausgewanderte Verwandte oder Bekannte, die ihre Angehörigen nachzogen und ihnen halfen, Fuß zu fassen. Dies ermöglichte zunehmend deutschsprachige Ansiedlungen in amerikanischen Städten und Ortschaften. Ein eher geringer Anteil der Migranten waren politische Flüchtlinge, vor allem im Gefolge der Revolution von 1848. Sie bildeten den kleinen, aber einflussreichen intellektuellen Teil Deutscher in den USA, der Zeitungen und Verlage gründete, Schulen und Kirchenge-meinden aufbaute. Deutschsprachige Zuwanderer bildeten den Großteil der Einwanderungswelle von 1820 bis 1880. Dennoch blieben sie im Vergleich zu der angloamerikanischen Bevölkerung immer eine Minderheit, und zwar in allen US-Staaten. Um 1900 ging die Zahl der deutschen Migranten drastisch zurück, da das Deutsche Kaiserreich in dieser Zeit die dynamischste Industrialisierung in Europa hatte.

Wo Deutsche sich ansiedelten, neigten sie dazu, zusammen-zurücken und eigene Stadtviertel („Deutschländle") zu bilden. Häufig führte das dazu, dass andere Bevölkerungsgruppen auszogen und damit den Platz freimachten. Das so entstandene „Kleindeutschland" ermöglichte in vielerlei Hinsicht ein Leben wie zu Hause. Zwar arbeiteten die meisten in den Shops und Werkstätten der Stadt, hatten aber in ihrer Umgebung den deutschen Bäcker oder Metzger, auch die deutsche Leihbibliothek und natürlich die deutsche Kirche. Ihren Alltag konnten sie weitgehend in Deutsch bewältigen, sodass das Erlernen der englischen Sprache nicht unbedingt nötig war.

Prägend für das Bild der Deutschen in der Öffentlichkeit waren vor allem die deutschen Wirtshäuser und die Sitte, nach der Sonntagsmesse in der Kirche zum „Frühschoppen" zu gehen. Das widersprach der puritanischen Tradition der weitgehenden Sonntagsruhe, die Alkoholausschank, lärmendes Zusammensein und Musizieren am Sonntag ausschloss und gesetzlich verbot. In der Regel setzte die deutsche Bevölkerung ihre Gewohnheit – auch gegen die Polizei – energisch durch. Die Wirtsstuben waren mit Bildern deutscher Landschaften und Porträts großer Deutscher ausgestattet, damit sich jeder Gast in ihnen „heimisch" fühlen konnte. Typisch deutsch war auch die Gründung von Gesangs-, Turn- und anderen Vereinen.

In der Regel lernte erst die zweite Generation, die in den Staaten geborenen Kinder, die englische Sprache fließend und glich sich immer stärker der amerikanischen Lebensart an, was von Befürwortern deutscher Traditionen kritisiert wurde: Die Kinder „sollen mit der Sprache zugleich das Gute, Schöne und Edle der deutschen Eigenart, des deutschen Gemüts und Volkscharakters, deutsche Sitte und Lebensanschauung sich aneignen". Auch die Einrichtung zweisprachiger Schulen führte eher zur Vorherrschaft des Englischen und nicht zur Aufrechterhaltung deutscher Sprachkenntnisse. Ab ca. 1900 war Deutsch in der Regel nicht mehr Unterrichtssprache, wohl aber verbreitet Fremdsprache.

Die Einwanderungswelle Mitte des 19. Jahrhunderts schürte die Sorge mancher Angloamerikaner, es könne zu einer Überfremdung der Bevölkerung kommen. Die Gründerväter Amerikas hatten zwar die Einwanderung gefördert, sahen aber nie die Aufspaltung der Nation in ethnische Gruppen als erstrebenswert an, sondern ein einheitliches Staatsvolk mit Landessprache und Nationalkultur. Protestantische Erweckungs-bewegungen polemisierten nun – in der Tradition der Religionskriege im Mutterland England – gegen die zunehmende Bedeutung katholischer Bevölkerungs-teile, vor allem der Iren und der Deutschen. Die „Know-nothing"-Bewegung, ursprünglich ein Geheimbund (deshalb der Name), versuchte, politischen Einfluss zu gewinnen, um das Einwanderungsrecht zu verändern. Es galt die Regel, dass jeder Einwanderer nach fünf Jahren die amerikanische Staatsbürgerschaft erwerben konnte, wenn er das rechtzeitig beantragt und einen Eid auf die Verfassung geleistet hatte. Er konnte dann als gleichberechtigter Bürger an den Wahlen teilnehmen. Die Nativisten wollten nun, dass das aktive

Wahlrecht erst nach 21 Jahren gewährt würde, das passive für Einwanderer gar nicht. Die Bereitschaft der deutschstämmigen Bevölkerung, im Bürgerkrieg 1861-1865 für die Einheit und die Ideale der Nation zu kämpfen, erleichterte dann die Integration in die amerikanische Gesellschaft erheblich. Schwierig wurde später die Zeit des 1. Weltkrieges, weil die „Deutschen" häufig noch mit der Politik des Kaiserreiches identifiziert wurden.

Erst 1921 wurde eine Quote eingeführt, die die Zuwanderung begrenzen sollte. Sie richtete sich aber nicht mehr gegen die – als tüchtig erkannten – Deutschen und Iren, sondern gegen die Migration aus Ost- und Südeuropa.

5.2 Die „Ruhrpolen"

Grundlage: Philipp Ther: Die Ruhrpolen
Christoph Kießmann: Migration und Integration der
„Ruhrpolen"
ders.: Diskriminierung der Ruhrpolen
Ulrich Herbert: Die Lebensbedingungen der „Ruhrpolen"
Aus heutiger Sicht

Der Begriff „Ruhrpolen" ist problematisch, denn nach drei Teilungen existierte ab 1795 zunächst kein polnischer Staat mehr. Die Polnisch sprechenden - Maße ins Ruhrgebiet einwanderten, waren also preußische bzw. dann deutsche Staatsbürger. Das erleichterte ihren Status, verhinderte aber nicht Diskriminierung und Schikane.

Die Binnenwanderung reagierte auf wirtschaftliche Probleme in Schlesien, Ostpreußen und den anderen Ostgebieten. Einträglich war zunehmend nur noch großer landwirtschaftlicher Grundbesitz. Kleinbauern mussten aufgeben und sich ein neues Einkommen suchen. Auch die oberschlesischen Kohlegruben warfen nicht mehr genug ab, im Ruhrgebiet konzentrierten sich Abbau der Rohstoffe und Industrie. Da dort in den noch relativ kleinen Orten immer mehr Arbeiter gesucht wurden, warb man die inländischen „Polen" lieber an als ausländische Kräfte. Für sie wurden eigene Siedlungen errichtet, in denen sie unter sich sein konnten. Häufig wurde ihnen eine idyllische Situation vorgegaukelt (ein Leben fast wie zu Hause), während sie stattdessen Enge, schlechte Luft und Arbeitsdruck vorfanden. Die Arbeitgeber missbrauchten die fleißigen „polnischen" Arbeiter als Streikbrecher, was ihre Integration in die Gesamtgesellschaft erschwerte.

So blieben die Migranten weitgehend unter sich, heirateten auch unter sich und pflegten ihre polnische Sprache und Kultur, um ihre Identität zu stärken. Es bildeten sich polnische Vereine, später sogar eine eigene Gewerkschaft, Gottesdienste wurden auf Polnisch abgehalten, ebenso zunächst der Unterricht. Eine größere Bereitschaft zur Angleichung zeigten die Arbeiter aus Masuren, die sich als Deutsche fühlten, die deutsche Sprache konnten und – wie die meisten Menschen im Ruhrgebiet – evangelisch waren. Die Schlesier sowie andere Polnisch Sprechende waren dagegen katholisch und wurden schon wegen ihrer religiösen Zugehörigkeit als Fremde angesehen. Im „Kulturkampf" ab 1871 versuchte Reichskanzler Bismarck den Einfluss der Katholischen Kirche zurückzudrängen, weil er in ihr eine ausländische Macht sah, die den Papst über die deutsche Nation stellte. Die Angriffe des Staates beeinflussten auch sein Verhalten gegenüber den „Ruhrpolen", die als „Reichsfeinde" verdächtigt wurden. Polnischer Unterricht, polnischer Gottesdienst und weitere kulturelle Betätigungen wurden verboten, eine Angleichung an die Deutschen sollte erzwungen werden. Die Wirkung der Maßnahmen war umgekehrt: Die polnischen Menschen rückten enger zusammen und führten ihre Aktivitäten häufig unter dem Deckmantel anderer Bezeichnungen weiterhin aus.

In der deutschen Bevölkerung prägten sich abwertende Vorurteile aus, die z.B. besagten, dass die polnischen Wohnungen heruntergekommen und dreckig seien. Der Begriff „Polack" behielt noch Jahrzehnte lang seine Funktion als Schimpfwort. Unter den Arbeitern im Bergbau verbesserte sich die Situation aber allmählich. Die Notwendigkeit, sich bei der gefährlichen Arbeit aufeinander verlassen zu müssen, schmiedete eine Haltung der

Solidarität, die wenigstens in diesem Bereich die unterschiedliche Herkunft vergessen ließ.

Als nach dem 1. Weltkrieg wieder ein polnischer Staat entstand, blieb nur noch ein Drittel der Polnisch sprechenden Familien im Ruhrgebiet. Diese stark reduzierte Anzahl erleichterte die selbstverständliche Integration dieser Menschen in die Mehrheitsgesellschaft. Inzwischen werden polnische Namen (z.B. bei Fußballspielern) zwar wahrgenommen, aber nicht mehr als fremd angesehen.

5.3 „Gäste" werden Bürger

Grundlage: Informationsblatt zu Phasen türkischer Arbeitsmigration
Bülent Arslan: Leben in einer Parallelgesellschaft?

Dem nach dem Krieg stetig wachsenden Wirtschaftswachstum („Wirtschaftswunder") in der BRD wurde der Pool eigener Arbeitskräfte immer weniger gerecht. Zeitweise konnten Flüchtlinge aus der DDR den zunehmenden Bedarf decken, was aber spätestens nach dem Mauerbau 1961 nicht mehr möglich war. Die BRD bemühte sich daher ab 1955 um Anwerbeabkommen mit Staaten, die ihren Bürgern nicht ausreichend Arbeitsplätze garantieren konnten, zunächst mit Italien, dann mit Spanien und Griechenland (später u.a. mit Jugoslawien). Das starke Interesse der türkischen Regierung traf zunächst auf

Bedenken. Auf Druck der USA, die den strategisch wichtigen NATO-Partner Türkei stärker an den Westen binden wollte, wurde 1961 ebenfalls ein Abkommen geschlossen. Vor allem das Geld, das von den Arbeitsmigranten ihren Familien in der Türkei überwiesen wurde, sollte der schwachen Wirtschaft in der Heimat aufhelfen.

Der überaus missverständliche Begriff „Gastarbeiter" (arbeiten Gäste?) wurde gebildet, um den alten Begriff „Fremdarbeiter" zu ersetzen, der in der NS-Zeit auch für die Zwangsarbeit unterworfener Völker missbraucht wurde. Dass die angeworbenen Arbeiter „Gäste" sein sollten, schloss jeden Gedanken an eine längerfristige Integration aus. Sie wurden nur für den begrenzten Zeitraum von zwei Jahren angestellt und sollten anschließend ausgetauscht werden. Daher wurden sie auch relativ kostengünstig in Wohnheimen untergebracht, mussten nur die notwendigsten Kenntnisse der deutschen Sprache erwerben und entwickelten keine kulturelle oder religiöse Infrastruktur. Je fremdländischer sie aussahen, umso misstrauischer reagierten Teile der deutschen Bevölkerung. Auf der anderen Seite waren sie als Arbeitskräfte beliebt, weil sie sich auch für harte Arbeit nicht zu schade waren und Akkordlöhne akzeptierten, in dem Wunsch, ihre Familien zu unterstützen. Die Betriebe setzten dann auch eine Verlängerung der Arbeitsverträge durch. Es wäre nicht effektiv gewesen, alle zwei Jahre neue Arbeiter anzuwerben.

Ende der 60-er Jahre verschlechterten sich langsam die wirtschaftliche Lage und die Beschäftigungssituation in der BRD. Die Ölkrise 1973 ließ schließlich die Arbeitslosenzahlen in die Höhe schnellen. Die Regierung beschloss einen Anwerbe-stopp. 1983 versuchte man schließlich, die Gastarbeiter mit finanziellen Anreizen zur Rückkehr in ihr Heimatland zu bewegen. Auch wenn manche das Angebot annahmen, führten die Maßnahmen insgesamt zu einer Steigerung des Ausländeranteils. Die türkischen Arbeiter fürchteten – wohl auch zu Recht –, dass ihre in Deutschland erworbenen Qualifikationen in der Türkei nicht anerkannt würden und sie in ihrem Heimatland nicht wieder Fuß fassen könnten. Um eine Verschlechterung ihrer Lebensbedingungen zu vermeiden, waren sie oft bereit, eine schlechter bezahlte Tätigkeit in Deutschland anzunehmen. Zu-dem war ihnen bewusst, dass eine Rückkehr unmöglich war, wenn sie Deutschland verließen. Um die Dauerhaftigkeit ihrer Anwesenheit zu stärken, ließen sie Frauen und Kinder nachkommen, die aber in der Regel kaum Deutsch konnten und keine Arbeitsberechtigung erhielten. Der Familiennachzug war durch europäische Gesetze garantiert und konnte von der deutschen Regierung nicht angefochten werden. Zunehmend bildete sich nun eine türkische Infrastruktur in den Zuwanderer-Stadtteilen: Cafés und Restaurants, Kultur- und andere Vereine, diverse Geschäfte, Gebetsräume und Moscheen, später auch eigene Medien. Es bildeten sich „Türken-Gettos", die wiederum

Ängste bei der einheimischen Bevölkerung verursachten, was dann die türkischen Familien veranlasste, noch näher zusammenzurücken. Auf der Suche nach einer eigenen Identität spielte zunehmend der Islam eine wichtige Rolle, was zu Beginn der Migration noch kaum der Fall war.

Die dargestellte Entwicklung traf auf eine Situation deutscher Rechtsprechung, in der das Abstammungsrecht Voraussetzung für eine Einbürgerung war. So konnten Spätaussiedler aus Polen oder Russland deutsche Staatsbürger werden, nicht aber Menschen türkischer Herkunft. Der ideologische Satz „Deutschland ist kein Einwanderungsland" bestimmte lange die Politik. Erst nach der Wiedervereinigung verschwand langsam dieses Mantra. Im Jahre 2000 wurde das Staatsbürgerrecht reformiert, 2005 folgte ein erstes Zuwanderungsgesetz.

Die jahrzehntelangen Versäumnisse deutscher Politik erschwerten freilich die Integration der Migranten in die deutsche Gesellschaft. Bestimmte Stadtteile wie Marxloh in Duisburg erwecken den Eindruck einer „Parallelgesellschaft", die sich nicht einordnen will. Stattdessen zeigen sie nur die Reaktion auf eine Mehrheitsgesellschaft, die Angst vor Entfremdung empfindet und sich ihrerseits einkapselt. Die Anzahl türkisch stämmiger Akademiker, die sich häufig voll integriert haben, nimmt stetig zu, in höherem Maße aber oft die Anzahl der Jugendlichen ohne Schulabschluss und ohne differenzierte Deutschkenntnisse. Das

Attentat auf das World-Trade-Center 2001 führte dazu, dass oft unterschiedslos Muslime als gefährliche Extremisten verleumdet wurden. Ihre besondere Situation in Deutschland spielt zudem den demagogischen Bemühungen türkischer Politiker in die Hände. Dennoch zeigt sich die gesellschaftliche Eingliederung von Menschen türkischer Sprache als ein Prozess, der langfristig erfolgreich sein könnte.

Ein Vergleich der deutschen, polnischen und türkischen Arbeitsmigration, die in diesem Kapitel dargestellt wurden, zeigt, dass eine Zentrierung in der eigenen ethnischen Gruppe in einer Art Getto als Übergangserscheinung eine wichtige Hilfe für den Prozess der Integration sein kann. Damit die Eingliederung und damit eine gesellschaftliche Gleichberechtigung gelingt, sind fördernde politische Entwicklungen und unterstützende Maßnahmen der aufnehmenden Gesellschaft notwendig.

5.4 Wer integriert wen?

Grundlage: Karikatur Tom
Folie und Arbeitsblatt: Was ist Integration?

Vor einer Stadtkulisse begegnet ein korrekt gekleideter, ziemlich beleibter Mann mit Aktentasche und in Begleitung eines Hundes einem dunkelhäutigen jungen Mann mit Skatebrett und entsprechender Kleidung (Mütze, Hose mit Loch). Der Mann, mit rotem, zornigem Gesicht, zeigt mit dem Finger auf den Dunkelhäutigen und sagt: „Geh' gefälligst dahin, wo du herkommst!" Der andere antwortet: „Was soll ich in Dortmund?"

Die Karikatur von Tom zeigt ein Ungleichgewicht der inneren Einstellung: Der junge Mann, der offensichtlich aus Dortmund in eine andere Stadt gezogen ist, fühlt sich selbstverständlich Deutschland zugehörig. Die Zumutung, in ein vielleicht afrikanisches Land zu ziehen, aus dem seine Vorfahren stammten, kommt ihm gar nicht in den Sinn. (Oder er reagiert nur äußerst schlagfertig.) Der Mann, der ihn mit seiner Aufforderung bedroht, scheint dagegen eine enge Vorstellung zu haben, wer nach Deutschland passt und wer nicht. Dass hier die andere Hautfarbe und die Zeichen einer jugendlichen Subkultur zusammenkommen, verstärkt die Vorurteile dieses Menschen. Er sieht in seinem Gegenüber einen Angriff auf die Lebensweise, die er gewohnt ist.

Die überraschende Pointe dieser Karikatur verdeutlicht, wie mehrdeutig der Heimatbegriff sein kann und wie wichtig dabei das jeweilige soziale Milieu ist. Die Illusion einer homogenen Bevölkerung wird der gesellschaftlichen Realität nicht gerecht.

Das Bemühen, eine Homogenität der Gesellschaft zu behaupten (und zu fordern!), wurde zu einem Kennzeichen der Nationalstaaten, allerdings in unterschiedlicher Gewichtung.

Denn die Einheit einer Nation muss ja irgendwie begründet werden. Deutschland, das lange an dem Grundsatz, nur wer von Deutschen abstamme, könne Deutscher werden, festhielt, hatte dabei besondere Schwierigkeiten, die Wirklichkeit zu akzeptieren. Wenn man nämlich per definitionem leugnet, Einwanderungsland zu sein, muss man sich auch nicht um irgendwelche Konsequenzen der Migration kümmern. Zu diesem Muster gehörte, dass sich diejenigen, die doch einwanderten, an die bestehende Gesellschaft anpassen sollten. Diesen Vorgang nennt man Assimilation. Wer kommt, soll die Verhaltensweisen der Einheimischen übernehmen, so dass man nach Möglichkeit bald höchstens noch im Namen Unterschiede feststellen kann. Wer schon immer in dem Ort lebte, hat also das Recht, seine Lebensweise verbindlich zu machen. Dabei unterschied man immer schon zwischen „nützlichen" und „nutzlosen" Fremden. Denjenigen, von denen man sich Vorteile versprach (z.B. den Hugenotten), sprach man Vergünstigungen zu, die „Nutzlosen" (z.B. „Zigeuner") suchte man zu schikanieren und wieder loszuwerden. Allerdings ist das Verhalten gegenüber den Gast-arbeitern nur bedingt in diese Alternative einzuordnen.

Das Konzept der Akkulturation geht davon aus, dass sich in einem längeren Zeitraum Einheimische und Einwanderer gegenseitig anpassen, was beide verändert. Eine solche schrittweise Angleichung setzt den guten Willen beider Gruppen voraus, vor

allem aber die Bereitschaft der Einheimischen, den „Neuen"
weitgehende Teilhabe zu gewähren. Das setzt zunächst voraus,
dass die Ankunft der Migranten positiv und offen akzeptiert wird
und ihnen die Chancen gewährt werden, die signalisieren, dass
sie erst einmal willkommen sind. Hier hat die Politik über
Jahrzehnte die Entwicklung verschlafen und die Einwanderungen
wegerklärt. Teilnahme sollte sich auf den ökonomischen Bereich
beziehen (Ausbildung, Beschäftigung), auf den kulturellen
(Sprache, Bildung, Religion, Traditionen), den sozialen (Nachbar-
schaft, Freundeskreis) und den politischen (bürgerschaftliches
Engagement, Parteien, Verbände).

Der Bereitschaft zur Offenheit gegenüber Einwanderern sollte
deren Bereitschaft antworten, grundlegende Standards der
aufnehmenden Gesellschaft zu übernehmen. Dazu gehören vor
allem das Erlernen der Sprache und das Akzeptieren der
verfassungsmäßigen und rechtlichen Ordnung.

Das Konzept des Multikulturalismus, wie es beispielsweise die
Ordnung in Kanada bestimmt, bedeutet, dass der Staat
unterschiedliche kulturelle Traditionen, die nebeneinander
existieren, akzeptiert und schützt. Eine radikalere Form des
Akkulturation stellt das Ideal des „Melting Pot" in den USA dar.
Hier wachsen Einheimische und Zuwanderer zu einer neuen
Gemeinschaft zusammen, die Merkmale aller beteiligter Gruppen
aufweist.

5.5 Angekommen – und doch…

Grundlage: Fünf Lebensberichte

Herr A. wurde 1932 im Nordirak geboren. Nach seiner mittleren Reife musste er sich einige Jahre bei den Kurden in den Bergen verstecken, konnte aber schließlich sein Abitur nachmachen. Er arbeitete als Englisch-Dolmetscher für verschiedene europäische Firmen in Bagdad. Der Kontakt mit einem Deutschen, der ihm behilflich sein wollte, und eine Faszination an der deutschen Sprache und Literatur („Die Leiden des jungen Werthers" zunächst in englischer Übersetzung) führten ihn 1960 nach Deutschland. Er erlernte zunächst auf einem Sprachinstitut der Universität Mainz die deutsche Sprache, studierte dann Orientalistik, Soziologie und evangelische Theologie in Mainz und promovierte nach drei Jahren.

Von Anfang an hatte A. zahlreiche Kontakte im akademischen Bereich, wurde aber auch bald im überschaubaren Milieu des Ortes Germersheim als „Einheimischer" anerkannt. Er bekam schnell eine Stelle, heiratete und gewann einen Freundeskreis.

Obwohl A. also völlig integriert ist, fühlt er sich innerlich nicht als Deutscher. Mit dem Alter nahm die Sehnsucht nach den Wurzeln seiner Kindheit zu. Gleichwohl hat er sich in Deutschland so weitgehend verändert, dass zwar Urlaubsreisen in den Irak möglich wurden, er sich dort aber nicht heimisch fühlen könnte. Er zitiert: Heimat gibt es nur in der Phantasie. Und aus der kann man nicht vertrieben werden (und auch nicht fliehen).

Herr D. wurde 1949 in Mali geboren und legte dort das Abitur ab. 1970 begann er auf Einladung ein Studium der Agrarwissenschaften in Stuttgart und promovierte über ein tropenbezogenes Thema. Anschließend betreute er Projekte in Afrika, die von Deutschland finanziert wurden. Seit 1976 lebt er in Mayen, heiratete und bekam drei Kinder. Er ließ sich zum EDV-Spezialisten umschulen. Durch die Kontakte seiner Frau und dann auch die schulischen Kontakte der Kinder gelang es ihm, sich in dem kleinen Ort problemlos zu integrieren. Dennoch sieht er die Gefahr, von Unbekannten, die ihn auf der Straße nur als Schwarzen sehen, feindlich und gewalttätig behandelt zu werden. Was anderen Ausländern widerfahre, könne ihm jederzeit auch passieren.

Unter Bildung versteht er auch die Reflexion der eigenen Erfahrungen im Leben zwischen zwei Welten. Er bedauert, dass viele Deutsche wenig über andere Länder wissen. Mit Afrika verknüpften sie vorwiegend Armut, aber keine selbständigen kulturellen Leistungen. Herr D. Identifiziert sich in seinem Herzen immer noch mit seiner Heimat.

Frau G. wurde 1952 in Lima (Peru) geboren. Nach ihrem Studium und einer parallelen Ausbildung als Sekretärin arbeitete sie im

Agrarministerium und engagierte sich in der Erwachsenenbildung auch politisch. Eine gescheiterte Ehe veranlasste sie, 1981 ihrer Schwester in die BRD zu folgen. Nach ihrem Sprachkurs studierte sie Sozialpädagogik und nahm gleichzeitig (als allein erziehende Mutter von zwei Kindern) jede Arbeit an, die sie bekommen konnte. Später organisierte sie ein Frauencafé in ihrer Wohnsiedlung.

Diskriminierung nimmt sie nicht offen, aber indirekt, hinterhältig wahr. Deutsche (auch Aussiedler) nähmen ausländische Hilfe durchaus an, verhielten sich aber herablassend und beschwer-ten sich dann darüber, nicht mit einer Deutschen zu tun zu haben. Auch G.'s Kinder wurden in der Schule als Ausländer behandelt. Inzwischen hat Frau G. aber mehr deutsche als lateinamerikanische Kontakte.

Frau P. konnte in einer Zeit der Wirtschaftskrise mit ihrem Hauptschulabschluss in Serbien keine Arbeit finden. Ihre Mutter war gestorben, als sie 11 Jahre alt war, und der Vater konnte nicht mehr arbeiten, weil er sich um die Kinder kümmern musste. So konnte P. Ihren Wunsch, Lehrerin zu werden, nicht erfüllen. 1971, mit 18 Jahren, wurde sie angeworben, in einer deutschen Fabrik als Schneiderin zu arbeiten, und ging einen Knebelvertrag ein. Mit anderen Arbeiterinnen aus Jugoslawien und Mazedonien musste sie in einem Kellerraum mit Etagenbetten nächtigen, ohne Ofen, Bettwäsche oder Geschirr. Niemand kümmerte sich um sie, sie musste sich das Notwendige selber besorgen. Die Arbeitszeit am Fließband betrug elf Stunden am Tag. Da sie die Maschinen noch nicht kannte, konnte sie die geforderte Arbeitsleistung nicht erreichen und verdiente (statt 360 DM) 280 DM im Monat. Ihre Unterkunft kostete 60 DM. Da die Arbeiterinnen keine (bzw. erst sehr späte) Zeit zum Kochen hatten, erklärte sich die „Vermieterin" bereit, sie für 100 DM im Monat zu verköstigen. Unter diesen Bedingungen war es nicht möglich, wie geplant der Familie in Serbien Geld zu senden.

Als Frau P. schließlich besser bezahlte Arbeitsstellen fand (Krankenhaus, später Studentenwerk), musste sie sich häppchenweise aus ihrem Vertrag mit dem alten Arbeitgeber loskaufen. Zudem kamen 1000 DM Gerichtskosten auf sie zu.

Inzwischen ist Frau P., die auch eine Familie gegründet hat, mit ihrer Situation in Deutschland zufrieden. Sie bedauert aber die Schwierigkeiten ihrer Kinder, einen deutschen Pass zu erhalten. Mit der deutschen Mentalität, alles geordnet zu sehen und sich nicht spontan verhalten zu können, kommt sie nur schlecht zurecht.

Frau K. Ist 1961 als Abkömmling deutscher Einwanderer in einer deutsch besiedelten Gegend in Brasilien aufgewachsen und hat eine katholische Privatschule besucht. Von Anfang an ist sie in die zwei Kulturen hineingewachsen. Ihre Versuche, sich politisch zu betätigen, scheiterten am Widerstand der damals herrschenden Diktatur, die ihren Onkel 1975 im Gefängnis ermordete.

Nachdem sie einen deutschen Staatsbürger geheiratet hatte, folgte sie ihm nach Deutschland. Sie hatte nur geringe Probleme mit der deutschen Sprache, betonte die Sätze aber häufig wie das brasilianische Portugiesisch, sodass manchmal ihre Emotionen missverstanden wurden. Während sie von Deutschen als Einheimische akzeptiert wurde, beobachtete sie gleichzeitig die Ausländerfeindlichkeit der Menschen, z.B. gegen türkische Mitbürger. Ihre Gewohnheit, ein Kopftuch zu tragen, wenn sie ihre Haare nicht gewaschen hatte, irritierte die Menschen. So engagierte sich Frau P. in politischen Gremien für Ausländer, und vor allem die Frauen, die sich auf den Schutz ihrer Ehemänner verlassen mussten, dadurch aber auch ihrem Gutdünken ausgeliefert waren.

Frau P. ist sich ihrer Identität zwischen den Kulturen nicht sicher. Sie bemüht sich teilweise, sprachliche Fehler zu begehen, um als Ausländerin erkannt zu werden. Sie lebe auf gepackten Koffern, denn keine Demokratie sei perfekt. Es könne jederzeit ein Unrechtsregime herrschen.

6 Migration - Vorurteile, Perspektiven, Erfahrungen

6.1 „Deutscher Blick"

Grundlage: Leserbrief aus: „Lübecker Nachrichten"
Hasnain Kazim: Zu Gast bei Pessimisten

Die zentrale Aussage des Leserbriefs in den „Lübecker Nachrichten" vom 4.1.1992 lautet: „Bei uns gibt es keinen Ausländerhass. Wir haben nur Angst, dass wir zu kurz kommen." Einerseits wird das Motiv des Autors und seines Milieus deutlich: In einer als unüberschaubar wahrgenommenen Welt entwickeln sich Sozialängste, die dann auf den Anderen projiziert werden. Entsprechend sagt der erste Satz der Aussage das Gegenteil dessen aus, was gemeint ist. Ohne sich vielleicht dessen bewusst zu sein, betrachtet der Autor sein eigenes Verhalten als normal und konfrontiert es mit seiner Interpretation des Verhal-tens der Anderen. Man würde die Ausländer ja lieben, wenn sie so wären wie man selbst: „Aber noch mehr lieben sie unser Geld. Noch mehr lieben wir Ordnung, Sauberkeit und Disziplin." Den Unterschied meint der Autor auch am Verhalten im Ausland zu erkennen: Während die Deutschen (als Touristen) ihr Geld ins Ausland tragen, kämen die Ausländer nach Deutschland, um, ohne zu arbeiten, Geld zu erhalten. Am Beispiel der Ausschreitungen in Hoyerswerda macht der Autor einerseits deutlich, dass er gegen Gewalt ist, legitimiert das Geschehen aber gleichzeitig, indem er auf Besitztümer („neue Holzkisten") hinweist, die die Migranten nach wenigen Tagen bereits besessen hätten.

Der Journalist Hasnain Kazim (geb. 1974) berichtet am 26.1.2009 im „Spiegel" von seinen Erfahrungen als Deutscher, der als Ausländer wahrgenommen wird. Beim Kauf eines Buches sei der Buchhändler erstaunt gewesen, dass Kazim deutsche Bücher lese (und einwandfreies Deutsch spreche). In mehreren Anläufen habe er immer wieder gefragt, woher er denn komme, habe aber jedes Mal eine deutsche Stadt als Antwort erhalten (vgl. 3.1). Kazim kritisiert, dass einerseits eine Anpassung an deutsche Kultur verlangt werde, dass man aber andererseits auf die Integrierten irritiert reagiere und ihr Verhalten nicht anerkenne. „Deutscher kannst du mit deiner braunen Haut und deinen schwarzen Haaren nicht sein, da kannst du machen, was du willst." Migrantenkind bleibe Migrantenkind, auch in zweiter oder dritter Generation.

Gino Chiellino formuliert in seinem Gedicht „Heimat I" u.a.: Verdammt sei / das Gefühl / irgendwohin gehören zu müssen / nicht man selbst / sein zu können // Das Gefühl / wird dir / von Leuten aufgezwungen / die dich nicht / als einen der Ihren / betrachten // Du sollst / für das Typische deines Landes / haften".

6.2 Doch ein Einwanderungsland

Grundlage: Karikatur von Gero
Jochen Bölsche u.a.: Die Rückseite der Republik
Karikatur: Jan Tomaschoff: Boot

In einer Zirkusmanege, hoch über den Köpfen neugieriger Zuschauer, sind in der Karikatur von Gero zwei Trapezkünstler zu sehen. Der eine, durch seine Attribute dunkles Haar und Bart als „Ausländer" gekennzeichnet, hängt mit den Füßen am Trapez und streckt seinem Partner die Hände entgegen. Dieser, offenbar als „Einheimischer" vorgestellt, hat sein Trapez bereits verlassen und „hängt" in der Luft, überkreuzt aber seine Hände und weigert sich, die des anderen zu ergreifen. Er sagt: „Ich arbeite nicht mit Ihnen." Da kein Netz zu sehen ist, wird er sich zu Tode stürzen.

Die Karikatur verdeutlicht, dass zwar Teile der deutschen Bevölkerung Vorbehalte gegenüber der Zuwanderung ausländischer Menschen besitzen, dass die deutsche Gesellschaft und Wirtschaft aber in vielfältiger Weise auf diese Zuwanderung angewiesen ist bzw. sein wird.

Lange Jahre, vor allem in der Ära des Kanzlers Kohl, galt die ideologische Devise: Deutschland ist kein Einwanderungsland. Dadurch versuchte man, in einer Zeit, die längst durch multinationale Offenheit geprägt war, nationalstaatliche Vorstellungen zu bewahren und entsprechend fühlende

Bevölkerungsgruppen zu beruhigen. Es ist aber wenig hilfreich, etwas zu behaupten, was nicht der Realität entspricht.

Auch die Versuche, den Ausländerzustrom zu begrenzen bzw. abzuschneiden, z.B. durch den Anwerbestopp 1973, schlugen fehl. Folgen der Politik waren, dass der Staat kaum Hilfe bei der Integration der Migranten leistete und dass sich umgekehrt viele „Ausländer" als eher unerwünscht fühlen konnten. Sie lebten in Deutschland, „ohne jeweils in diesem Land angekommen zu sein", und gründeten eigene Strukturen, in denen sie Schutz vor der Mehrheitsgesellschaft und die Bewahrung ihrer traditionellen Werte suchten. Es bildeten sich „Parallelwelten", die wiederum Angst in der deutschen Bevölkerung erweckten, da man fürchtete, es würden Werte missachtet, die z.B. das freiheitliche Rechtssystem zusammenhalten und die Menschenwürde bewahren.

In ihrem „Spiegel"-Artikel aus dem Jahre 2002 schreiben Bölsche u.a.: Die Parallelwelten der Ausländer zeigen mehr als alles andere das ganze Elend deutscher Zuwanderungspolitik seit Jahrzehnten: die Unfähigkeit, solche Ausländer nach Deutschland zu locken, die das Land dringend braucht; das Versagen, jene Ausländer einzugliedern, die schon im Land leben; und die Hilflosigkeit, wenn es darum geht jene Ausländer aus dem Land zu bekommen, die ihr Gastrecht missbrauchen." So finde keine

Zuwanderung in Arbeitsplätze statt, sondern zu häufig Zuwanderung in die Sozialsysteme.

Deutschland brauche eine geplante und geförderte Migration, da die Bevölkerungszahl immer weiter zurückgehe und der Anteil alter Menschen stetig zunehme. So sei einerseits die Rente nicht mehr gesichert. Die heute jungen Erwachsenen müssten dann evtl. bis zum 77. Lebensjahr arbeiten. Andererseits gebe es einen erheblichen Fachkräftemangel, nicht nur im hochkomplexen technischen Bereich, sondern auch in Basisberufen, z.B. in der Gastronomie oder in der Pflege. Dieses Defizit an Arbeitskräften, 2002 diagnostiziert, ist inzwischen längst zu beobachten.

Reformen der Zuwanderungsgesetze mit dem Ziel, qualifizierte Arbeitskräfte ins Land zu holen, kamen reichlich spät und waren nicht zupackend genug ausgerichtet. Ihre Notwendigkeit wird weitgehend erkannt, sodass die aktuellen Entwürfe (Ende 2022) vielleicht einen Fortschritt ermöglichen.

Dass man neben der Bemühung um qualifizierte Arbeitskräfte die humanitäre Aufnahme von Flüchtlingen nicht vergessen darf, verdeutlicht die Karikatur „Boot" von Jan Timaschoff. Ein riesiges Schiff, gekennzeichnet als „Deutschland", durchschneidet das Wasser und nimmt den Großteil des Bildes ein. Auf beiden Seiten treiben Gummiboote mit ausgezehrten Flüchtlingen auf der Wasseroberfläche. Der Kapitän des Schiffes, einen Rettungsreifen in der Hand, ruft hinunter: „Habt ihr auch Akademiker dabei?" Er möchte offensichtlich selektieren, wen er zu sich hinaufzieht. Es geht aber nicht nur um den eigenen Bedarf, sondern vor allem um die Not der Menschen.

6.3 Geteilte Identität

Grundlage: Aras Ören: Die Fremde ist auch ein Haus
Werner Schiffauer: Entwicklungen in türkischen und
deutsch-türkischen Gemeinden

Die Fremde ist auch ein Haus

Kopie eines von Emine geschriebenen Briefes

an den türkischen Generalkonsul in Berlin

und den Berliner Innensenator:

Sehr geehrte Herren,
wenn ich etwas Falsches schreibe, verzeihen Sie mir
dieses Falsche, aber nehmen Sie mein Schreiben trotzdem an.
Weil ich im Pass meines Vaters stehe,
passiert mir alles, was meinem Vater passiert,
von der Steppe angefangen, die er hinter sich herschleift,
seit nämlich (wie ein Mann im Flugzeug erzählte)
zu Ende der fünfziger Jahre ein Bagger in die Steppe
kam und anfing, den Boden aufzuwühlen.

Hinter dem Bagger erschien eine Straße, die Fremde begann.
Die Fremde begann schon in der Heimat, aber mein Vater
nannte sie „Deutschland".
Ich nenne sie jetzt „Türkei".

Als ich herkam, war ich fünf Jahre alt.

Seit zehn Jahren bin ich hier, meine Brüder
sind in Berlin geboren.
Wo ist jetzt meine Fremde, wo meine Heimat?
Die Fremde meines Vaters ist meine Heimat geworden.
Meine Heimat ist die Fremde meines Vaters.

Streichen Sie bitte meinen Namen
im Pass meines Vaters.
Ich möchte einen eigenen Pass in der Tasche haben.

Wer mich danach fragt, dem will ich
ehrlich sagen, wer bin ich,
ohne Scham, ohne Furcht

und fast noch ein bisschen stolz darauf.
Das Jahrhundert, in dem ich lebe,
hat mich so gemacht:
geboren 1963 in Kayseri,
Wohnort: Berlin-Kreuzberg.Emine

Aras Ören (geb. 1939), Theaterpraktiker und Schriftsteller, veröffentlichte das Gedicht „Die Fremde ist auch ein Haus" im Jahre 1980. Es enthält, in Versform verfremdet, den fiktiven Brief eines türkischen Mädchens der sogenannten zweiten Generation und ist im Original auf Türkisch verfasst. Der Text zeigt die unterschiedliche Einstellung von Vater und Tochter und verdeutlicht die zerrissene Einstellung vieler Migranten zu ihrer ursprünglichen und der neuen Heimat.

Das Bild der neu gebauten Straße (V. 10-13) macht deutlich, dass schon das Aufbrechen bisher fest gefügter sozialer Gebilde

Fremdheitserfahrung erzeugt. Die Öffnung zum Fremden hin wird so zur Chance und zur Krise zugleich. In jedem Fall führt sie zu einer unterschiedlichen Erfahrungswelt der Generationen. Die wirtschaftliche Situation in der Türkei und die Öffnungsmöglichkeiten der „Straße" führen den Vater mit seiner Familie in die Fremde „Deutschland" (V. 15), die Tochter, in Berlin aufgewachsen, sieht aber dort ihre Heimat. Die Türkei bleibt ihr ein „fremdes" Land (V. 16), nämlich eines, das nicht ihres ist. „Die Fremde meines Vaters ist meine Heimat geworden." (V. 21) Entsprechend wünscht sie sich ihren eigenen Pass (V. 23-25). Die fiktive Briefschreiberin Emine macht deutlich, dass ihr politischer Status ihrem Erfahrungshorizont entsprechen sollte. Da sie natürlich nach wie vor ihren familiären Strukturen verhaftet ist, trägt sie ihren türkischen Ursprung weiterhin in sich. So bleibt sie in ihrer Identität gespalten, Kayseri und Berlin-Kreuzberg zugleich (V. 32f.).

Der Kulturwissenschaftler und Publizist Werner Schiffauer (geb. 1951) erläutert in seinem Zeitungsessay aus dem Jahre 2004 den Unterschied zwischen erster und zweiter Generation türkischstämmiger Migranten. Als die aus vorwiegend ländlichen Gegenden stammenden Türken in den siebziger und achtziger Jahren damit begannen, Moscheegemeinden und eigene Vereine zu gründen, trieb sie der Wunsch an, ihre Kinder von den unheilvollen Einflüssen der westlichen Massengesellschaft

(Drogen Prostitution etc.) fernzuhalten und islamische Werte zu bewahren.

Die zweite Generation der neunziger Jahre sei von ihrer türkischen Herkunft, aber auch vom Wissen und der Öffnung zur Welt geprägt, wie die Schule sie ihr vermittelt hat. Sie beharre darauf, sich als gleichberechtigtes Glied der Gesellschaft zu integrieren und zugleich ihre Besonderheit, die sie von der Gesellschaft unterscheidet, beizubehalten. Wenn sie beispielsweise vor Gericht für ihre Rechte (z.B. Kopftuch zu tragen) eintrete, sei das „ein Zeichen des Ankommens und nicht des Aussteigens". Zwar sei es für die heutigen Migranten durch die Massenmedien und moderne Kulturtechniken schwieriger geworden, alte Brücken hinter sich abzureißen, doch erleichtere die Anerkennung der eigenen Besonderheit die Integration und erschwere sie nicht. Das entspricht der Erfahrung früherer Migrantengruppen in der Geschichte.

6.4 Dennoch oder gerade deswegen (Toleranz)

Grundlage: UNESCO: Erklärung von Prinzipien der Toleranz
Pinchas Lapide: Der Fremde in deinen Toren

Viele Menschen beanspruchen für sich, tolerant zu sein. Dabei bleibt dieser Begriff häufig schillernd und wird widersprüchlich gebraucht. So ist Toleranz nicht mit Desinteresse zu verwechseln.

Dass ich den anderen machen lasse, wie er will, ohne dabei genauer hinzusehen, kann gesellschaftlich gefährlich werden. Soziales Unrecht und Verletzungen der Menschen-würde sollten benannt und bekämpft werden. Schließlich bedeutet Toleranz auch, den Schwächeren ihr Lebensrecht zu ermöglichen. Sie vollzieht sich immer auf der Grundlage eigener Überzeugungen, billigt aber zugleich den anderen ihre Überzeugungen zu.

Der Philosoph Rainer Forst (geb. 1964) unterscheidet vier Arten von „Toleranz":

• T. als Erlaubnis: Da die Minderheit von der Mehrheit als ungefährlich eingestuft wird, lässt man sie nach ihrem Gusto handeln. Es wird aber keine Gleichwertigkeit hergestellt, die Erlaubnis geschieht von oben herab.

• T. als Koexistenz: Da es einträglicher ist, friedlich miteinander zu kooperieren, duldet man gegenseitig die Eigenheiten des anderen.

• T. als Respekt: Gesellschaftliche und rechtliche Gleichwertigkeit wird anerkannt.

• T. als Wertschätzung: Vielfalt wird als Wert betrachtet und der andere entsprechend gerade in seiner Andersartigkeit geschätzt. Auch wenn jede dieser vier „Arten" den Fremden bzw. der Minderheit einen Bewegungsspielraum zuweist, kann man nur die beiden letzten als Toleranz bezeichnen.

Die UNESCO definiert in ihrer „Erklärung von Prinzipien der Toleranz" aus dem Jahre 1995: „Toleranz bedeutet Respekt, Akzeptanz und Anerkennung der Kulturen unserer Welt, unserer Ausdrucksformen und Gestaltungsweisen unseres Menschseins in all ihrem Reichtum und ihrer Vielfalt. Gefördert wird sie durch Wissen, Offenheit, Kommunikation und durch Freiheit des Denkens, der Gewissensentscheidung und des Glaubens. Toleranz ist Harmonie über Unterschiede hinweg."

Den Fremden anzuerkennen, wirkt nach Pinchas Lapide auf den Toleranten zurück. Er lernt, sich mit den Augen des Fremden zu betrachten. Denn wenn der andere mir fremd ist, bin ich zugleich ihm fremd. Sich anzufreunden, kann dann ein langwieriger Prozess gegenseitigen Kennenlernens sein, wie beim „Kleinen Prinzen" von Antoine de Saint-Exupéry das Vertraut-Machen des Fuchses. Lapide weist darauf hin, dass die lateinische Sprache zwischen amicus (Freund) und hostis (Fremder, Feind) den Zwischenbegriff inamicus, also (noch) nicht Freund, kennt.

Wer sich bemüht, die Sicht des Fremden nachzuvollziehen, wird auch nach Richtigem in dessen Weltsicht und Argumentation suchen. Er steht zu seiner Meinung und rechnet dennoch damit, dass der andere auch ein Stück Recht haben könnte. Die Erkenntnis, dass es die volle Wahrheit sowieso nicht geben kann, fördert die Bereitschaft zum Kompromiss. Aber auch, wenn der nicht möglich ist, könnte man sich darauf einigen, unterschiedlicher Meinung zu bleiben und dennoch friedlich miteinander umzugehen. Die Erkenntnis, dass der Fremde anders ist (und bleiben darf) bewahrt zudem davor, ihn nach „dem eigene Bilde" ummodeln zu wollen. Es muss nicht jeder Mensch so denken und fühlen wie man selbst.

7 Fremdheitsethische Skizzen

7.1 Heimat und Grenzen

Grundlage: Julia May: Heimat in der Fremde

„Heimat", abgeleitet von althochdeutsch „heimôt", bedeutete ursprünglich das Haus bzw. das Eigentum einer Person, ihr ständiger Wohnsitz. Subjektiv wird unser Heimatgefühl durch wiederkehrende und angenehme Reize unseres Nervensystem hervorgerufen. Meistens verknüpfen wir bestimmte Bilder, Geräusche oder Gerüche mit diesem Gefühl, zu Hause und damit geborgen zu sein.

Auf der anderen Seite ist der Mensch von seiner Weltoffenheit geprägt. Er zeigt sich in der Lage, sich unterschiedlichen Umgebungen anzupassen und „Heimat" für sich neu zu definieren. Die weitgehend multikulturelle Gesellschaft, in der wir leben, hat längst die geschlossenen Siedlungsstrukturen der Vergangenheit geöffnet. Der traditionelle Heimatbegriff diente der Abgrenzung nach außen. Dem entsprach die Dynamik des

Nationalstaates, der sich an einer einheitlichen Sprache, kennzeichnenden Traditionen und klar definierten Grenzen orientierte. Der heute vorwiegende Heimatbegriff ist individueller, subjektiver. Er orientiert sich an gelingenden Beziehungen, an der Möglichkeit, ohne Restriktionen selber über sein Leben bestimmen zu können und dabei Gleichgesinnte zu finden. Dennoch bleibt der alte Begriff virulent und gewinnt an Bedeutung, wenn man die Heimat in Gefahr sieht.

Grenzen definieren den Schutzraum, den man bewahren möchte. Als staatliche Grenzen sind sie relativ. Denn sie gaukeln vor, dass der eingegrenzte Raum einheitlich bevölkert ist, dass also die Menschen innerhalb dieser Grenzen zusammengehören. Sie provozieren daher Missverständnisse und bieten den Anlass für gewaltsame Übergriffe, die sie eigentlich verhindern möchten. Sie neigen dazu, Menschen als „legal" oder „illegal" zu qualifizieren.

Grenzen haben zugleich im persönlichen Bereich eine wichtige Funktion, was in den letzten Jahren vor allem die „MeToo-Bewegung" gezeigt hat. Grenzen eines persönlichen Schutz-raums sind vor allem die Menschenrechte, die über geografische Grenzen hinweg Gültigkeit besitzen. Dota Kehr formulierte in ihrem Lied „Grenzen": „Sie müssen nicht zwischen den Ländern verlaufen, aber zwischen den Menschen. Nicht aus Stacheldraht sollen sie sein, sondern aus Respekt."

Der Umgang mit Heimat und Grenzen sollte freilich vorsichtig bleiben. Die meisten Menschen sind in ihrem Fühlen ambivalent, geschlossen und offen zugleich. Der innere Wunsch, das Vertraute festhalten zu können, geborgen zu bleiben, als Voraussetzung dazu, die Welt für sich zu „erobern", muss ernst genommen werden, möchte man die Menschen nicht überfordern. Politische Entscheidungen – und das macht sie so kompliziert – müssen daher immer beides berücksichtigen.

Zudem könnte niemand voraussagen, ob eine Erde ohne staatliche Grenzen, mit einer „Weltregierung", wirklich eine friedlichere Erde wäre. Es war das Los zahlreicher Utopien, dass ihre Befürworter Zustände schufen, die niemand wünschen könnte. So sind auch die heutigen Grenzen ambivalent: Sie bewahren überkommene Ungerechtigkeiten und bewahren uns gleichzeitig vor neuen.

7.2 Selber fremd in Ägypten

Grundlage: Christoph Recker: Die Erzählungen vom Patriarchen Jakob
Gerhard Hoffmann: Dilemma und Herausforderung

„Mein Vater war ein heimatloser Aramäer, lebte dort als Fremder mit wenigen Leuten und wurde dort zu einem großen, mächtigen und zahlreichen Volk." (Dtn 26,5b) Mit diesen Worten beginnt das „Glaubensbekenntnis" Israels zur Erntedankfeier. Es be-kennt sich zur eigenen Ortlosigkeit und Schwäche. Nicht seine Leistungsfähigkeit hat Israel „groß" gemacht, es war völlig angewiesen auf die Hilfe und Gnade Gottes. Der Besitz von Land, das man bebauen und pflegen kann, ist einzig Gottes Geschenk.

Dieser theologische Ansatz geht auf die Erfahrungen der eigenen Tradition zurück. Die „Vorfahren" Israels waren nomadisierende Stämme, ohne Landbesitz, ständig auf der Suche nach Weidegründen, immer auf dem Wege. Versuche, auf Dauer sesshaft zu werden, werden immer wieder in Frage gestellt. Der einzige Grund, den Abrahams Familie besessen hat, war ihre Grablege in der Nähe von Mamre. Aber wer tot ist, kann ja nicht mehr weiter wandern.

Dem Patriarchen Jakob, dessen Weg aus einer etwas weniger fremden Umgebung in die unbekannte Fremde führt und wieder zurück, begegnet Gott zwei Mal auf dem Wege, völlig überraschend, unkontrollierbar. Es ist nicht der zahme, handhabbare Gott, sondern der, der den Menschen überfällt, sich ihm aufdrängt, ihn nicht mehr loslässt. An ihn zu glauben, bedeutet, sich für seinen „Überfall" bereit zu halten, mit ihm zu rechnen, ohne ihn zu berechnen. Dem fremden Wanderer entspricht der fremde Gott, der gerade in den unkontrollierbaren Lebensübergängen überraschend erfahren wird.

Diese Ursprungserfahrungen bestimmen das Selbstverständnis Israels durch die Geschichte hindurch. Auch als das Volk eigenen Boden im eigenen Land hatte, blieb ein gewisser Vorbehalt gegenüber festgefügten staatlichen Institutionen (vgl. 1 Sam 8). Auch der heimatliche Grundbesitz wird mit Blick auf die eigene Vergangenheit relativiert: „Einen Fremden sollst du nicht ausbeuten. Ihr wisst doch, wie es einem Fremden zumute ist, denn ihr selbst seid im Lande Ägypten Fremde gewesen." (Ex 23,9) Wer das Fremdsein erfahren hat, soll also auch die aktuell Fremden nicht ohne Hilfe lassen. Wie Gott sich den Migranten zuwendet und durch sie neues Heil schafft, davon handelt das biblische Buch „Rut".

Dass die Bibel immer wieder zum Schutz der Fremden aufruft, zeigt, dass das im alltäglichen Leben keineswegs selbstverständlich war. Spätestens nach der Eroberung des Nordreichs durch die Assyrer (722) kam eine größere Anzahl von Flüchtlingen in die Gegend um Jerusalem. Diese „Fremden" waren näherstehende Fremde, denn sie verehrten denselben Gott, hatten die gleichen kulturellen Traditionen. Zugleich waren es aber auch Zugereiste ohne Grundbesitz, ohne den Schutz der eigenen Dorfgemeinschaft. Diese Migrantengruppe musste erst einmal bewältigt werden.

In der Zeit des eigenen (Babylonischen) Exils (ab 587) aktualisierte sich die Erfahrung der Fremdheit in neuer Weise.

Zugleich weitete sich aber auch das jüdische Gottesbild aus. Der Weltschöpfer schuf **den Menschen** als Mann und Frau, nicht den Israeliten. Vom Geschick des eigenen Volkes aus öffnet sich der Blick der Theologen auf die heidnische Umgebung, ja auf die gesamte Menschheit. Damit weitet sich auch die Forderung, sich der Fremden anzunehmen und sie nicht zu unterdrücken, auf alle Menschen aus. Sesshaftigkeit muss relativiert werden, denn jedes Leben auf dieser Erde ist vorläufig und begrenzt.

Die hier gezeichnete theologische Linie steht aber neben einer anderen, in der sich Israel vom Einfluss der Fremden distanziert. Vor allem die prophetische Verkündigung polemisiert immer wieder gegen die Gefahr, sich den Anderen anzugleichen und damit den besonderen Gottesbezug (die „Erwählung") zu verlieren. So gibt es – vor allem in der multikulturell geprägten hellenistischen Welt – zahlreiche Bestimmungen, unter sich zu bleiben und einen über das Geschäftliche hinausgehenden Kontakt zu meiden.

Die Verkündigung Jesu und die Tradition der Jesus-Bewegung nimmt die Erfahrung, auf dem Weg zu sein, wieder auf: „Die Füchse haben Höhlen und die Vögel des Himmels Nester; der Menschensohn aber hat keinen Ort, wo er sein Haupt hinlegen kann." (Mt 8,20). Wer sich aber in der Welt fremd fühlt, bleibt offen für andere „Fremde". Die gute Botschaft von der zuvorkommenden Gnade Gottes kann nicht auf ein Volk oder eine Gruppe beschränkt sein. Entsprechend richtet sich der Blick der frühen Christen erst sehr vorsichtig, dann immer dynamischer nach außen. Und auch hier gilt wie schon im Volk Israel: Wer selber die Erfahrung der Fremdheit gemacht hat, kann sich mit Fremden identifizieren, wie auch Jesus mit ihnen identifiziert werden möchte (Mt 25,43). Im Gleichnis vom barmherzigen Samariter (Lk 10,30-35) ist es der Fremde, der unkonventionelle, aber wirksame Hilfe leistet und den Jesus als Beispiel anführt (Mt 25,36f.).

7.3 Heiliges Gastrecht

Grundlage: Theo Sundermeier: Den Fremden verstehen

Viele Völker haben das Gastrecht gewissermaßen ritualisiert. Mit dieser Institution, die gerade deshalb als selbstverständlich und unverbrüchlich angesehen wurde, weil sie nicht eingefordert werden konnte, nahm man „dem Fremden" seine furchter-regende Andersheit.

Der Fremde auf dem Wege, der Reisende, war in alten Zeiten schutzlos. Denn es fehlte ihm die familiäre Solidarität, die ihn zu Hause umgab. Das Gastrecht eröffnete ihm einen Raum, in dem er anerkannt und geschützt wurde, trotz kultureller Unterschiede, die in seinem Aussehen oder seinem Verhalten sichtbar wurden. Er wurde für eine begrenzte Zeit eingebunden in den Tages-ablauf des Gastgebers, bekam dessen Essen vorgesetzt, gliederte sich in Regeln des Haushalts ein. So wurde nicht nur ihm die Angst genommen, sondern der aufnehmenden Familie auch. Der Gast kann Neuigkeiten erzählen, er bringt Gastge-schenke, vermittelt seinen Segen. Eine Kontaktaufnahme mit dem Unbekannten, die Angst erzeugen könnte, wird so durch „gottgegebene" Sitten gezähmt. „Chaotische" Fremdheit wird zu einer bekannten und anerkannten Fremdheit. Freilich wurde vom Fremden erwartet, dass er die Autorität und die Ehre des Gastgebers akzeptiert und dass er sich rechtzeitig wieder verabschiedet. Nach 3 Tagen, zwei Nächten, sollte er weiter-reisen.

Nun ist die Metapher des Gastes, z.B. in Begriffen wie "Gastarbeiter", äußerst problematisch, wenn man sie auf Arbeitsmigranten oder auf Flüchtlinge anwenden wollte. Dennoch lassen sich meines Erachtens einige Folgerungen ziehen:

•Je hilf- und schutzloser ein Fremder ist, umso mehr hat er Anspruch auf die Hilfe der Einheimischen. Dieser moralische Anspruch versteht sich im Grunde von selbst und begründet sich auch durch die „goldene Regel": Was würde ich mir wünschen, wenn ich an seiner Stelle wäre?

•Der Wunsch an den Fremden, sich völlig seiner neuen Umgebung anzupassen, wird diesem nicht gerecht, bedeutet aber auch eine Verarmung für die Aufnehmenden. Sie nimmt ihnen die

Möglichkeit, fremde Lebensformen und Traditionen kennen zu lernen und damit auch die Angst vor ihnen zu verlieren.

•Der Fremde sollte seinen „Gaststatus", der Empfänger von Hilfen zu sein, möglichst schnell verlassen und bereit sein, selber für seinen Lebensunterhalt zu arbeiten und die aufnehmende Gesellschaft mitzugestalten. Das setzt freilich voraus, dass man bereit ist, ihm diesen Raum zu geben, d.h. ihn arbeiten zu lassen.

7.4 Vor dem Antlitz des Anderen

Grundlage: Wolfgang Müller-Funk: Theorien des Fremden

Der litauisch-französische Philosoph Emmanuel Levinas (1906-1965) betont die Fremdheit des Fremden. Keinen Menschen könne man wirklich erkennen, keinen jemals besitzen. Auch die intimsten Formen erotisch-sexueller Begegnung führten nicht zu einer Verschmelzung der Partner, zu einer Aufhebung der Fremdheit. Kein Koitus könne die Grenze, die einen vom anderen trennt, aufheben. Der andere bleibe immer noch ein Geheimnis, und gerade das mache seinen Reiz aus. Liebe sei das Gefühl, ohne den anderen nicht leben zu können, auf seinen „Anruf" zu reagieren, ohne das eigene Ich dabei aufzugeben.

Die von Levinas gebrauchte Metapher des Antlitzes steht für die Personalität des anderen. In seinem Antlitz stehe er mir gegenüber und spreche zu mir. Der Mensch sei immer schon ein

Antwortender, der auf die Stimme des anderen reagiert. Dem liege eine religiöse Struktur zu Grunde. Es sei der Anruf Gottes, des ganz Anderen, auf den der Mensch antwortet. Er werde durch den Blick und die Stimme des Anderen zu einem Ich, empfange sich gleichsam von dem Fremden als Geschenk. Nur über den Umweg über den anderen werde man sich des eigenen Ichs bewusst.

Die Antwort auf den anderen erfordere die Bereitschaft, Verantwortung zu übernehmen, und habe daher eine ethische Komponente. Dabei stelle die Liebe einen Sonderfall dar, der diese Verantwortlichkeit zu sehr beschränkt. Die Moral erfordere, den „Dritten" in den Blick zu nehmen, denjenigen, der außerhalb einer Liebesbeziehung steht. Gerade seine Existenz stelle eine Frage, auf die der Mensch antworten müsse. Er sei sozusagen das „Über-Ich", dem sich zu stellen, zur Natur des Menschen gehöre.

Jegliche Form des Rassismus erwachse aus der Angst, sich auf die Fremdheit des Anderen einzulassen.

7.5 Eine Migrationsethik?

Fragen der Migration werden im philosophischen Diskurs zunehmend diskutiert, mit unterschiedlichen Ansatzpunkten und unterschiedlichen Ergebnissen. Im Wesentlichen geht es um die Fragen, welche Migranten ein Staat gerechterweise aufnehmen muss bzw. inwieweit ein Staat das Recht besitzt, Migranten abzuweisen. Da ich in dieser Diskussion, die sich häufig an Einzelfragen festmacht, noch keine klare Linie erkennen kann, formuliere ich hier meine eigenen Schlussfolgerungen, die aber teilweise von dem Diskurs beeinflusst sind.

Naturgemäß bleibt das, was ich hier darstelle, allgemein. In der Praxis müsste es mit den konkreten wirtschaftlichen Bedingungen und mit den Möglichkeiten politischer Entscheidung verknüpft werden. Politik ist dabei – wie in anderen Bereichen auch – der Versuch, das Notwendige mit dem Möglichen zu verknüpfen. Es geht also immer auch um Kompromisse.

Wichtigste Grundlage für eine sinnvolle Migrationsethik ist für mich, dass die Einwanderung von Flüchtlingen und die von Fachkräften voneinander entkoppelt werden. Die Erkenntnis, dass Deutschland ein Einwanderungsland ist, war dafür die notwendige Voraussetzung, die derzeitig (Ende 2022) diskutierten Maßnahmen wären ein wichtiger Schritt nach vorne.

Ein Staat ist seinem Wesen nach eine Institution, die einer genau definierten Bevölkerung in einem genau definierten Gebiet Schutz und eine gerechte Ordnung des Zusammen-lebens garantiert. Das gilt auch teilweise für Bürger eines anderen Staates, die sich

– z.B. als Touristen – im eigenen Staatsgebiet aufhalten. Auch sie dürfen z.B. nicht ermordet oder ausgeraubt werden. Auf der anderen Seite entfallen für sie bestimmte Rechte (z.B. zu wählen) und bestimmte Pflichten (z.B. manche Steuern). Es entspricht dem hier dargestellten Wesen des Staates, dass er das Recht besitzt, Menschen den Zutritt zu seinem Gebiet zu verweigern.

Wenn jemand in seinem Heimatland verfolgt wird und seine Menschenrechte nicht geschützt werden, hat er ein Recht darauf, in einem anderen Land Asyl zu erhalten. Dieses Recht ergibt sich unmittelbar aus seiner Notlage und hat ethisch Vorrang vor dem oben beschriebenen Recht des Staates. Allerdings kann der Asylsuchende nicht die Aufnahme durch einen bestimmten Staat zwingend verlangen. Es wären also Absprachen zwischen unterschiedlichen Staaten (z.B. der EU) denkbar, wer wie viel Asylanten aufnehmen kann.

Andere Gründe der Migration, wie z.B. der Wunsch, sich durch angemessene Arbeitsstellen den Lebensunterhalt zu verdienen oder eine bestimmte Beziehung einzugehen, sind durchaus gerechtfertigt und sollten nicht (z.B. als „Wirtschaftsflüchtlinge") abqualifiziert werden, besitzen den hier dargestellten ethischen Vorrang aber nicht. Das muss nicht zwangsläufig heißen, dass diese Menschen abgelehnt werden. Hier muss der Staat seine eigenen Möglichkeiten einschätzen. Wer Menschen eingliedern möchte, sollte auch die entsprechenden Ressourcen schaffen, dass dies gelingen kann. Einerseits scheint mir, dass in der Regel mehr möglich wäre, als das, was geschieht, andererseits dürfen Staat und Bevölkerung auch nicht überfordert werden. Das individuelle Recht auf Asyl darf nicht dazu führen, die freiheitlich-demokratische Ordnung des Staates in Frage zu stellen.

Für Fachkräfte, deren Zuzug benötigt wird, müssen entsprechende Anreize geschaffen werden. Es ist wenig hilfreich, sie einerseits anzuwerben, ihnen aber andererseits durch gesetzliche Bestimmungen oder das Verhalten der Behörden den Eindruck zu erwecken, sie seien als Fremde eigentlich gar nicht erwünscht. Die Erkenntnis, dass Deutschland eben keine ethnisch homogene Bevölkerung hat, sondern dass erwünscht ist, wer sich für unsere Gesellschaft einsetzt, sollte wachsen.

Wenn Menschen in Deutschland Asyl beantragen oder sich als Arbeitskräfte anbieten und Deutschland sie aufnimmt oder sie vorläufig duldet, entsteht gleichsam ein ungeschriebener Vertrag zwischen Staat und Individuum. Der Staat bietet Schutz, stellt Integrationshilfen zur Verfügung und gestattet dem Migranten, eine Arbeitsstelle zu finden (dazu unten). Der Migrant, der ja einwandern wollte, ist bereit, grundlegende Werte der aufnehmenden Gesellschaft, vor allem aber ihre politische und rechtliche Ordnung, anzuerkennen. Es muss möglich sein, Einwanderer, die sich sichtlich gegen diese Forderung vergehen, wieder zurückzuschicken, selbst dann, wenn ihr Leben in ihrem

Herkunftsland gefährdet ist. Auch der, dessen Existenz gefährdet ist, hat nicht das Recht, die (demokratische) Rechtsordnung des Aufnahmelandes in Frage zu stellen.

Ein System von Punkten, die Migranten erwerben oder auch verlieren könnten, scheint mir ein geeignetes Instrument dafür zu sein. Auch wenn ich das kanadische Modell nicht im Detail kenne, hat mich diese Lösung immer schon überzeugt. Das Punktesystem sollte dabei für Asylanten und für Fachar-beitskräfte ähnlich, aber unterschiedlich funktionieren. Bei den Asylanten würde dann der Grad ihrer Bedrohung und der Fluchtnotwendigkeit eine zentrale Rolle spielen, bei Arbeitsmigranten der Bedarf an Arbeitskräften in Deutschland und ihre Qualifikation. Die Bereitwilligkeit, sich bei aller kulturellen Unterschiedlichkeit in eine offene Gesellschaft einzugliedern und die Gesetze des Staates anzuerkennen, sich mit seiner Arbeit einzubringen (und Steuern zu zahlen) sowie natürlich die deutsche Sprache zu erlernen, wären weitere Grundlagen positiver Bewertung. Straftaten oder politische Agitation gegen Grundrechte bzw. Werte einer offenen Gesellschaft würden in unterschiedlicher Weise zu Punktabzügen führen. Wie oben schon angedeutet, müsste der Migrant aber vom ersten Tag an die Möglichkeit haben, eine Arbeitsstelle, die er auf Grund seiner vorweg erworbenen Qualifikation besetzen könnte, auch anzunehmen. Nichts ist hinderlicher für die Integration als die Langeweile monatelangen Wartens in Flüchtlingsunterkünften.

Text- und Bildbelege
1.1:
Gabriel Laub, Fremde: RAAbits Sozialkunde/Politik, Einzelmaterial 50, 2005, 7.
1.2:
Vanessa Schwarkow, „Ich": Deutsch betrifft uns 5/2017, 3.
2.2:
Theodor de Bry: upload.wikimedia.org/wikipedia/commons/9/9f/Columbus_landing_on_Hispaniola_adj.jpg
2.5:
Paul Gauguin:
https://upload.wikimedia.org/wikipedia/commons/c/c8/Paul_gauguin%2C_arearea%2C_1892%2C_03.JPG
3.1:
Gino Chiellino:https://www.schulentwicklung.nrw.de/cms/upload/Faecher_Seiten/deutsch/Fremdheit_Lyrik_S_Frankfurt/M. 1976, 370.
Ders., Nachtgedanken, In: Ibid., 432.
3.3:
Mascha Kaleko, Im Exil, in: Sämtliche Werke und Briefe, Bd. 1, München 2012, 186.
Dies., Bleibtreu heißt die Straße, Ibid., 669f.
3.4
Rose Ausländer, Mein Schlüssel, in: Exil und Heimkehr (AB Deutsch), Stuttgart 1996, 29.
Dies., Mutterland, Ibid., 38
4.1.
Friedrich Nietzsche, Vereinsamt, in: Blickfeld Deutsch, Paderborn 2003, 14.
4.2
Franz Kafka: Heimkehr, Ibid., 27.
6.3
Aras Ören, Die Fremde ist ein Haus: Deutsch betrifft uns 6/1993,

Herstellung und Verlag:
BoD – Books on Demand, Norderstedt
ISBN: 9783757825461